经济学有什么用？

日常人文课

WHAT WOULD KEYNES DO?

[英国] 泰吉万·帕丁格 著
卢周来 译
TEJVAN PETTINGER

译林出版社

图书在版编目（CIP）数据

经济学有什么用？/（英）泰吉万·帕丁格（Tejvan Pettinger）著；卢周来译．—南京：译林出版社，2021.9
（日常人文课）
书名原文：What Would Keynes Do?
ISBN 978-7-5447-8768-0

I.①经… II.①泰… ②卢… III.①经济学－通俗读物 IV.①F0-49

中国版本图书馆 CIP 数据核字（2021）第 120420 号

What Would Keynes Do? by Tejvan Pettinger
First published in Great Britain in 2018 by Cassell, an imprint of Octopus Publishing Group Ltd
Carmelite House, 50 Victoria Embankment, London EC4Y 0DZ

著作权合同登记号　图字：10-2018-528 号

经济学有什么用？［英国］泰吉万·帕丁格／著　卢周来／译

责任编辑　张海波
装帧设计　尚燕平
版式设计　黄　晨
校　　对　蒋　燕
责任印制　单　莉

原文出版　Cassell, 2018
出版发行　译林出版社
地　　址　南京市湖南路 1 号 A 楼
邮　　箱　yilin@yilin.com
网　　址　www.yilin.com
市场热线　025-86633278
排　　版　南京展望文化发展有限公司
印　　刷　徐州绪权印刷有限公司
开　　本　880 毫米 × 1230 毫米　1/32
印　　张　7.875
插　　页　2
版　　次　2021 年 9 月第 1 版
印　　次　2021 年 9 月第 1 次印刷
书　　号　ISBN 978-7-5447-8768-0
定　　价　48.00 元

目 录

前　言

经济问题从古至今一直存在，但经济学作为一个清晰且有影响力的学科真正出现，则是18世纪后期的事，当时社会已经由农业经济，发展到工业资本主义的“美丽新世界”。亚当·斯密和大卫·李嘉图等经济学先驱对这一时期的快速变化进行了省思，并且对经济体的基本要素如自由市场和国际贸易进行了分析，由此建立了经济学的基本框架，那就是我们所熟知的古典经济学。

经济学家们或许会一致认同某些基本原理，但在如何利用经济力量这一问题上，经济学界的主张则相去甚远。实际上，任何一个特定经济问题，都能从不同的侧面进行审视；如果说有一件事能够让经济学家意见一致的话，那就是大家都意识到，总存在另外一种观点。

约翰·梅纳德·凯恩斯是20世纪最有影响力的经济学家之一。作为一位原创性思想家、一位杰出的知识分子和一个超级自信的人，他是在1930年代的“大萧条”危机中脱颖而出的。当时，许多经济学家正为经济理论为何并不像他们设想的那样发挥作用而迷惑彷徨，凯恩斯则抛弃了教科书里的教条并且建立了自己的理论。他的《就业、利息和货币通论》（*General Theory of Employment, Interest and Money*）一书，厚重、艰深而且存在内在矛盾，但他的视野使得他能从全新的视角去审视经济学，洞察政府如何能够在稳定资本主义的冲动力量方面发挥作用。尽管一直不缺少针对他的激烈批评，凯恩斯仍是20世纪最杰出的经济学家。

不仅仅是金钱

作为一般性规律，经济学关注诸如经济增长、产业绩效以及通货膨胀这样的问题，尽管这类问题看起来与我们的日常生活无甚关联。然而，近几十年来，一些经济学家拓展了学科范围，试图解释我们日常生活中，从犯罪与惩罚到家庭生活以及插队伦理等方方面面的问题。在拓展经济学边界以及在展现经济学如何有可能阐明看上去属于世俗层面的生活选择问题方面，诺贝尔奖得主加里·贝克尔具有特殊的影响力。

行为经济学的崛起，是对应用经济学这股新思潮的一种补充。行为经济学是一个与其他社会学科边界模糊的领域。通过研究心理和社会对经济决策的影响，行为经济学已经建立起一个新框架，用以分析经济学中的那些恒常问题。这一领域的先驱包括丹尼尔·卡尼曼以及理查德·塞勒等，他们认为，人类的不可预测性和非理性要远甚于经济学教科书中那些抽象模型所揭示的，而这一点，非经济学家可能一直以来都知道。

近乎革命

加里·贝克尔等行为经济学家近几十年来对经济学学科的扩展，无疑使本书的写作变得更容易了，因为这本书写的正是不同的经济学家会如何解释日常问题。如果本书写于1960年代，它将比现在要薄很多，因为许多观念和理论是晚近才出现的。对经济学研究来说，一件有趣的事是：经济学变化竟然如此之快！然而，那些传奇人物如亚当·斯密、阿尔弗雷德·马歇尔、约翰·梅纳德·凯恩斯以及米尔顿·弗里德曼仍然没有淡出我们的视野。新的经济理论可能会挑战确立已久的正统理论，但不会完全推翻正统理论中所包含的洞见。

理解身边世界的新方法

通过考察生活中存在的各种现实问题，本书分析了不同谱系的经济思想者的理论和逻辑：从自由市场意识形态的拥护者，到马克思主义者以及新生代的非主流经济学家。无论你同意或不同意他们各自看似完全不同的观念，本书都有望使你意识到，我们对同样的经济问题有许多不同的路径去理解，并且可能为你重新看待那些老生常谈的问题提供新的灵感。

第一章：生活选择

B3CK3R

自私是正常的吗？

斯密 ‖ 李嘉图 ‖ 杰文斯 ‖ 马克思 ‖ 奈特 ‖ 加尔布雷思 ‖ 弗兰克 ‖ 哈耶克 ‖ 米塞斯 ‖ 弗里德曼 ‖ 庇古

从小到大我们受到的教育都认为，自私在道德上是不光彩的。然而，主流经济学理论持有这样的观点：人们追求自己的私利能够惠及整个社会。追求自利果真能够如魔法般增加净社会福利吗？或者我们还是应该对类似经济学这样宣扬自利和利润最大化的学科表示怀疑？

这一问题涉及经济学中许多争论的核心，因此，从经济学之父**亚当·斯密**（Adam Smith，1723—1790）讲起最为合适。在他最重要的著作《国富论》（*The Wealth of Nations*，1776）中，斯密建立起了“古典经济学”的框架，认为如果每个个体都追求自己的私人利益，就能使社会福利最大化。如果购买最便宜的商品，我们就是在奖励最有效率的企业。在追求利润的过程中，企业家既提供了就业，也为消费者提供了所需的商品。

这就是自由市场和“看不见的手”的魔力，它能够把我们的自利转化为互惠性交易。经济学先驱比如英国经济学家**大卫·李嘉图**（David Ricardo，1772—1823）、**威廉·斯坦利·杰文斯**（William Stanley Jevons，1835—1882），把寻求自身效用最大化的

> 人们心中最激烈、最卑鄙、最恶劣的感情，便是代表私人利益的复仇女神。
>
> ——卡尔·马克思

“理性经济人”概念引入他们的经济学理论之中，这一概念认为，每个人都在追求用最小的付出获得最大的价值。在他们的理论经济学世界中，效用最大化意外地导向了资源的合理配置。这一点创造了经济学领域一个强有力的传统，即认为对自利的追求将带来有效率的资源配置以及经济福利的增加。

然而，关于自由市场乌托邦的这一短视观点，并没有获得所有经济学家的一致认同。资本主义的批评者们已经指出，遵循自利原则对社会上那些拥有更少的权力和特权的穷人来说并不公平。**卡尔·马克思**（Karl Marx，1818—1883）对资本家的自私自利持否定态度，声称这将导致对社会上弱者的剥削。自由市场经济学假定不同的行为主体拥有平等的议价能力，并且在竞争性市场中对私利的追求能够实现“公平的”均衡。而在马克思那里，这一假定是无效的。他认为，权力及其影响使得资本家能够自私地榨干工人最后一滴油水，而工人则几乎没有选择的余地。对马克思来说，自私自利是资本主义最坏的方面之一。

为部分群体带来间接利益

然而古典经济学家觉得，一般来说，自由市场和支持理性自利假设的前提，相对于其他资源配置体制来说仍然要技高一筹。比如，美国经济学家**弗兰克·奈特**（Frank Knight，1885—1972）认为，满足人们寻求自我利益的私人企业，在解决绝大多数问题上比政府更有效率。奈特强调，企业家虽然为了能

经济学理论

自由市场经济学认为，对自利的理性追求将使资源得到有效配置，并且对增加经济福利是有利的。

够获得利润而甘愿冒险，但也能在此过程中为他人创造工作岗位和财富。换句话说，追求自利是能够惠及社会上其他人的、创造财富的有效途径。

然而，关于自由市场和追求自利有利于全社会的观点也经常受到批评。那些批评者认为，所谓涓滴效应在现实中几乎不会下滴到最贫困阶层。加拿大出生的经济学家**约翰·肯尼思·加尔布雷思**（John Kenneth Galbraith，1908—2006）认为，涓滴经济学在“镀金时代”（20世纪初叶）已经受过检验。他说，那时这种经济学被形象地描绘成“马和麻雀理论”。他继续解释说，这是因为“如果你喂给马足够的燕麦，总有一些会遗漏到路边供麻雀吃”。换句话说，财富最大化，特别是存在权力垄断时，并不能惠及社会上的每一个人，并且可能增加不平等以及不公平的感觉。

追求自利的附带影响

美国经济学家**罗伯特·H. 弗兰克**（Robert H. Frank，1945—　）在反对经济自利行为这一观点上走得更远。他认为，经济学鼓励人们拒绝合作和慷慨，鼓励人们更多地从自身利益的角度思考问题。弗兰克同时发现，学习经济学时一旦受主流自利理论影响，人往往会变得更自私。换句话说，把自利奉为信条会让我们的行为变坏。

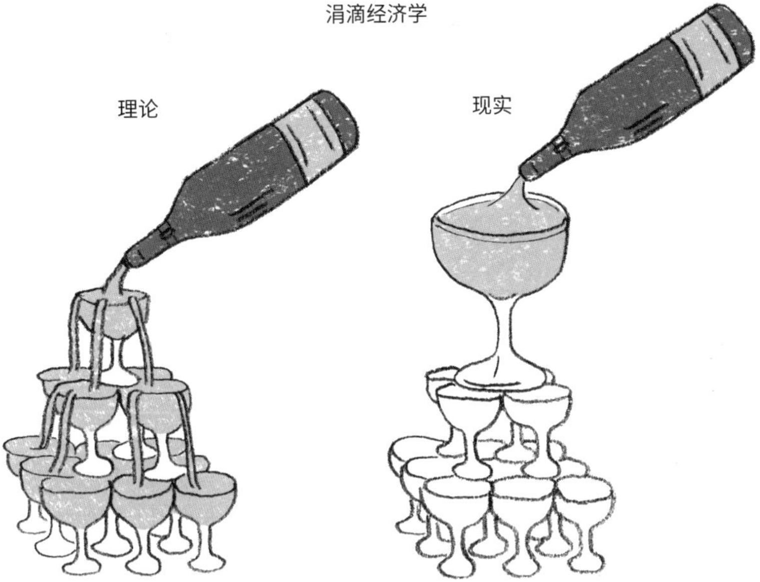

而奥地利裔英国经济学家、诺贝尔奖得主**弗里德里希·哈耶克**（Friedrich Hayek，1899—1992）等自由市场的捍卫者则声称，认为追求自我利益意味着我们赞同自私，这是一种错误的等同。人们追求自利时，也可能会把自身人性培育得更好。亚当·斯密承认市场机制的高效，但他同时也是一位伦理学家，希望人们所渴求的不只是自利。虽然斯密被视为经济学之父，他还是意识到

> 我们原来只知道，那些不留心的自利行为在道德上是站不住脚的；现在我们还知道，在经济上这种行为也同样站不住脚。
>
> ——富兰克林·德拉诺·罗斯福

> 自私与利他主义、经济与伦理、关注个体与关注社会，其间的冲突并非不可调和。
>
> ——路德维希·冯·米塞斯

了垄断性权力的消极方面，以及对自利的追求可能导致社会问题和资源分配的不公。

某些自由主义经济学家如奥地利裔美国人**路德维希·冯·米塞斯**（Ludwig von Mises，1881—1973）和美国人**米尔顿·弗里德曼**（Milton Friedman，1912—2006），之所以为自由市场辩护，恰恰因为他们坚信没有政府规制是好的，此时人们更有可能与邻里进行合作，这种合作有利于促进互惠性社会互动。自由主义者称其为“自发秩序”（spontaneous order），并指出了由此从民间社会形成的诸多组织。换句话说，在没有政府干涉的情况下，人们更可能将其私利与地方社区和国家更广泛的利益联系在一起。冯·米塞斯确信，对私利的追求有益于社会。

然而，即使古典经济学能够提供可信的案例，证明竞争性自由市场内部人们自私行为的合理性，自由市场也仍然存在外部成本（external costs）或外部性（externalities，指经济行为给第三方带来的非蓄意结果）的问题。在著名的《福利经济学》（*The Economics of Welfare*，1920）中，英国经济学家**阿瑟·庇古**（Arthur Pigou，1877—1959）描述了那些可能对其他人产生溢出效应的经济行为。比如，火力发电厂燃烧化石燃料可能产生全球变暖、酸雨以及空气污染等“外部成本”，或者说“负外部性”。

因此，对我们这一代人自我利益的追求，可能导致对地球和子孙后代的潜在的毁灭性成本。环境经济学家采纳了这种观点，他们强调对环境的重视应该压倒我们自私的物质主义欲望。

抉择时刻

在某些商业和贸易领域，弗里德曼和冯·米塞斯等自由市场经济学家关于自利能够促进社会福利的观点是正确的。然而，你可能同样赞成庇古和弗兰克的看法，他们认为，仅考虑自利是远远不够的，还必须考虑对其他人及环境的经济影响；否则，自私的行为就可能造成对我们自身及周围社会的破坏。

是否应该冒着被罚款的风险违章停车?

贝克尔 ‖ 边沁 ‖ 霍布斯 ‖ 布迪厄

你已经处于开会快迟到的境地，却发现更复杂的问题在于没有停车位。你焦急地绕着街区打转，却只是徒劳。更糟糕的是，其实有一些很适合停车的地方，但恰恰是禁止停车的，要么画上了双黄线标志，要么只允许残疾人使用，要么得冒着车轮被锁的风险，等等。如果坚持按法律条文办，我们只能跑得更远并且浪费更多时间。等到好不容易找到停车点，停好车并且跑回会场，我们已经迟到了，汗流浃背并且非常恼火，同时还增加了市中心堵车的外部成本。

1960年代初，诺贝尔经济学奖得主、美国经济学家**加里·贝克尔**（Gary Becker，1930—2014）还是个年轻人的时候，他就遇到了上述困境。当时他在哥伦比亚大学作为博士研究生参加一场考试，眼看快要迟到了。在迅速运用经济分析对成本与产出进行权衡后，他决定把车停在一个禁停的位置。他是这样计算的：违章停车可能面临罚款，但其潜在成本仍然低于到很远的地方找到合法车位然后迟到的成本。后来，他完成面试后回到停车处，并没有发现罚款单，这让他松了一口气。

这次经历背后的经济学问题，让贝克尔开始研究日常生活选

> 我计算了收到罚单的可能性。考虑到受罚的额度以及找到合法停车位的成本，我决定冒险把车停在街道边。
>
> ——加里·贝克尔

择背后的经济学，特别是犯罪行为的成本与收益问题。贝克尔决定违章停车的逻辑是什么？假定违章停车要罚款100美元，但你估计被警察抓获的概率是20%。在这种情况下，违章停车的预期成本是20美元。如果每天都违章停车，这就是你需要支付的每日平均停车费用。

然而重要的是，寻找一个合法的停车位也得付出成本。如果你要与一个律师会面，需要每小时付200美元的费用，这样即使是15分钟的迟到你都得付出50美元的成本。此外，寻找合法停车位不仅浪费你的时间，让你狼狈不堪，而且要花多长时间也是不确定的。违章停车则把所有这些疑问、心理挫折以及时间损失都消除了，取而代之的是另一个“赌注”：会不会收到罚款单。

最大多数人的最大幸福

一个持有理性观点的经济学家，会将违章停车的成本与迟到的成本进行权衡比较。这一态度会得到功利主义奠基者、英国哲学家和经济学家**杰里米·边沁**（Jeremy Bentham，1748—1832）的认同。边沁认为，我们在做出决定时，必须着眼于增加全社会的福利。违章停车会带来时间上的节省，并且使得等候我们与会的人很快乐。当然，我们也可能收到罚款单。但总体上看，这种冒险是值得的。此外，如果我们被罚款，这100美元并非社会损失，反而会增加地方财政的收入。在其他条件不变时，这相当于可以降低每个人的税收。如果我们浪费时间用于在周边找合法停车位，我们会因为加重了交通拥堵程度而增加其他使用者的成本。因此，如果仅仅从最大化效用的角度看，我们可以无视规则而停车以省去每个人在此方面的麻烦。

到目前为止，我们说的这些都是在为违章停车进行辩护。似乎所有人都可以这样做。但我们再一想：为什么有些停车位就是违章停车位？可能占用这个停车位将阻碍交通。在这种情况下，违章停车可能导致其他驾车人额外的成本。也可能这个违章停车位是为残疾人预留的。如果你占用了这个车位，那么真正对此有需求的残疾人将无法使用它。从效用最大化角度看，这又将抵消社会经济福利。

如果每个人都这样做会怎样?

关于违章停车的另一个问题是众所周知的“公地悲剧”。1833年，英国经济学家威廉·福斯特·劳埃德注意到，公共草地（公众都有权使用的土地）很容易因为过度放牧而退化。也就是说，这种个体行为会导致对自然资源的过度开采。“公地悲剧”与我们所讲的违章停车悖论有关系吗？

在贝克尔的案例中，他作为经济学家在进行逻辑推理后认为违章停车就是当时最好的选择。如果只是一个先驱经济学家在停车时采取这种异端方法，那还不构成严重的问题。但设想如果每个人都因此书的影响而改变他们停车的习惯，不是提早五分钟出发以便有足够时间合法停车，而是都模仿贝克尔在最后时刻才到，并且认为破坏规则和违章停车是正确的，那么问题就严重了。

如果每个人都想违章停车，街道上的模糊区域将会停满汽车，

加里·贝克尔

经济学理论

理性选择理论认为，我们必须在成本和收益之间进行权衡，以做出效用最大化的决策。

甚至导致街道混乱无序。地方政府不得不通过雇用更多警察或增加罚款，来增加对违法行为的发现和防范。政府这种行为将一直持续到使违章停车者再也无利可图为止。第一个违章停车的人可能无关紧要，但如果每个人都试图这么做，游戏规则就改变了。因此，如果我们是好公民，我们还是得遵守规则，而不能怀着不被警察发现的侥幸心理。我们应该不会支持一个人人违法的社会吧?

外交官一般会享有针对违章停车罚款的豁免权。两位经济学家雷蒙德·费斯曼和爱德华·米格尔发现，外交官的违章停车与他所在国家的腐败程度之间存在相关性。或者说，你越倾向于认为违章是合理的，那么你越可能破坏规则。17世纪英国哲学家**托马斯·霍布斯**（Thomas Hobbes，1588—1679）认为，如果没有大家共同遵守的规则，人类生命将会变得“孤独、贫困、下流、野蛮和短暂”。尽管他并没有刻意针对违章停车问题，但他的观点启发我们，一个人在停车时对法律的考虑和尊重，其实是一个良性社会中社会契约的一部分。

做正确的事

如果你准备违章停车，最好的车位可能就是为残疾人预留的那个。这些预留车位至少是非常适合于停车的，而不像那些在消防栓前或角落中的车位（倒车有危险）。此外，那些为残疾人预留的车位常常是供给超过需求的。从效用最大化角度看，这些理想的停车位被闲置是一种浪费。如果你恰好着急停车，而且又有一些预留车位空闲着，为什么不能冒险一试呢？

那么，如果有效用最大化理论的逻辑支持，你会把车停在为残疾人预留的车位上吗？可能还是不行，或至少你不能心安理得。法国社会学家**皮埃尔·布迪厄**（Pierre Bourdieu，1930—2002）批评了加里·贝克尔等人提出的理性选择理论，该理论主张我们在做决定时要理性地选择那些能给我们带来最大利益的行为。布迪厄认为，我们的选择不只是基于实用逻辑，还要考虑来自周围人的社会压力，他称之为“我们对游戏的感觉”。我们不只是基于我们是否会节约5美元或准时到达某地来做决定，我们同时还基于我们是否感觉正在做正确的事情。得到周围人的认可可能超过功利主义的算计。如果你把车停在为残疾人预留的车位上，当你从车里下来时，你会感觉到有点内疚，或许你甚至会被迫假装自己是个跛脚残疾人。想象一下如果你的同事发现你这样做，那会有多尴尬吧，他们的“啧啧”声将伴随你一路。

权衡利弊

回到问题上来，违章停车到底有没有道理？经济学家在这个问题上的答案通常是含糊其词的——这要看情况。如果违章停车点并没有足够理由被划定为违章停车点，那么你可能觉得忽视社会规则去违章停车是值得的。重要的是，要考虑的不仅仅是违章停车罚单的成本，还有开着车到处寻找合适停车位的成本，同时还要考虑我们的决定将如何影响其他人。

看待这个问题的最后一种方法是改变我们对违章停车罚单的

看法。一般来说，我们讨厌收到罚单。但是为什么我们不把它看作一次赌博，且我方胜算更大？（至少比赌马的胜算要高一些。）如果赢了，我们可以赢得很多时间并且省下5美元。如果输了，我们可以安慰自己，这是为我们尊敬的政府当局贡献了100美元。如果这还不能使你高兴的话，至少你会知道你在追寻着伟大的诺贝尔经济学奖获得者的足迹。

抉择时刻

你可能同意加里·贝克尔的理性选择动机：当个人利益大于个人成本时，违章停车并且冒着被罚款的风险是合理的。或者你会觉得，尽管从功利主义的角度看是合理的，但社会规则与规范更为重要，即使这意味着可能会迟到。

幸福的秘诀是金钱吗？

边沁 ‖ 马歇尔 ‖ 塞勒 ‖ 西托夫斯基 ‖ 艾瑞里 ‖ 弗雷 ‖ 门格尔 ‖ 史蒂文森

如果你正在寻找生命的意义或者试图发现永恒的幸福，那么，讨教于被称为“阴郁科学”的经济学可能不会是最明智的起点。然而，尽管有其局限性，经济学仍然可以为那些试图增进幸福感的人提供一些洞见。这包括主流经济学中的效用最大化理论、晚近发展起的行为经济学理论以及“幸福经济学”。

关于如何花钱的案例

一些早期经济学家，如**杰里米·边沁**这样的功利主义者认为，经济学的基础建立在追求个人满足或幸福的最大化之上。对边沁来说，生命的目标就是使快乐最大化、痛苦最小化。以拥有高度影响力的英国经济学家**阿尔弗雷德·马歇尔**（Alfred Marshall，1842—1924）为代表的早期经济学家接受了这一观点并且发展出了消费者行为理论。这一理论假设我们总是在追求最大化我们基于效用的经济福利。马歇尔和其他学者提出了边际替代理论，即我们会一直消费商品直到其边际效用（满意度）等于边际成本为止。在一个简化的模型中，只要你能从购买商品中获得幸福感，你就会一直买下去。边际效用原则对于我们理解消费者行为是一个非常方便的工具。

美国经济学家、诺贝尔经济学奖得主**理查德·塞勒**（Richard Thaler，1945—　）在其著作中研究了那些购买了健身房年卡的人的行为。他们为购买年卡支付了100美元固定成本，可以在任何想去的时候去健身房。塞勒被那些付费后即使手臂受伤仍然坚持

收　入	幸福水平
0	3
10 000	6
20 000	7
30 000	7.5
40 000	7.5
100 000	7

收入水平是如何影响你的幸福水平的

到健身房去的朋友惊吓到了，因为这些朋友认为既然付了费就应该让所付费用物有所值。

其实，这些消费者在为他们已经付出的100美元而焦虑时就已经犯了一个错误。塞勒指出，付出的费用已经变为沉没成本（sunk cost），即一旦付出后，你再也无法使之回来。幸福的一个秘诀就是不要为沉没成本而操心，或正如你奶奶可能告诉过你的那样：为洒出来的牛奶哭泣是没有用的（覆水难收）。

唯一要问自己的问题，应该是去健身房的边际效用是什么？如果你的手臂受伤了，那么可能是负效用——你最好待在家里。成为健身房会员所付出的钱没有产生价值固然很让人恼火，但是你如果像经济学家一样思考，就不会为已经消失的沉没成本浪费时间，而只关注下一步行动的边际效用。

效用最大化，它能让生活看起来……嗯，似乎好一些，但那只是数字上的。如果你想要为心爱的人买花，你还会去权衡相对于边际成本的边际效用吗？（你如果这样做了，也不要在送花时跟对方提起。）后来的经济学家则试图更深入地思考关于效用的概念。

冒险的价值

匈牙利裔美国经济学家**提勃尔·西托夫斯基**（Tibor Scitovsky，1910—2002）在《无快乐的经济》（*The Joyless Economy*）一书

中，对把福利和消费联系在一起的标准经济理论进行了批评。他声称，高消费并不一定会带来更高的满意度。他特别指出，有两种不同类型的积极体验：一种是可以预见的快乐，比如吃蛋糕和喝啤酒；而另一种是不可预知的冒险经历，这种经历可能会带来真正的进步、快乐以及持久的满足感。西托夫斯基认为，真正的幸福不是来自边沁的快乐最大化与痛苦最小化公式，而是来自冒险、尝试不同的东西、学习他所说的“技术型消费”。

西托夫斯基提到一份报告。报告中说，有八分之一的电视观众一直觉得电视节目无聊透顶。我们仍然在看着电视，是因为这很容易做到，在想看的时候只要打开它就行。但它给人们带来的是一种非常肤浅的快乐和舒适感。西托夫斯基认为，更大的幸福可以从“技术型消费”中获得：学会欣赏文学、文化和艺术。这需要付出更多努力、冒更多风险，但它能让人真正感到享受而不只是短暂的快乐。

抵挡诱惑

在此节骨眼上，我们可能会认为西托夫斯基的话是对的，但又会忍不住想弄明白为什么我们总是选择去做整个晚上看电视这

被动型快乐 vs. 文化型快乐

> 为什么我们中的绝大多数人把货币收入以及货币所能购买的东西看得如此重要?
>
> ——提勃尔·西托夫斯基

样糟糕的事。我们知道，花费两小时在工作上将更好，但我们还是会花费一晚上时间去大吃大喝、去看电视，然后第二天又为此感到后悔。

丹·艾瑞里（Dan Ariely，1967—　）是美国著名行为经济学家。他指出，人类很容易受现期偏好（present bias）影响。我们吃巧克力是因为它能使我们此时此刻的效用最大化，但我们也会在接下来的几个小时中为这一选择而后悔。艾瑞里认为，关键是我们要警惕现期偏好，并且试着通过抵抗诱惑去获得未来的幸福。

如果你做不到甘地那样的自律，艾瑞里建议你为自己制定必要的规则和劝诫。不要让诱惑包围你，并且预期你能从今天的决定中获得明天的幸福。与此同时，如果你想要节制饮食，你必须使之对你自己来说变得容易：比如，不要靠近冰淇淋商店，而是用蔬菜去填满你的冰箱。

财富和幸福

对收入与幸福之关系的研究变得越来越流行。假设我们每年收入7万美元，想要继续提高收入到底有多难？瑞士经济学家**布鲁诺·S. 弗雷**（Bruno S. Frey，1941—　），在《幸福——经济学的革命》（*Happiness—A Revolution in Economics*，2010）一书中认为，高收入所带来的幸福边际增长程度将迅速下降，并且会对那些试图获得更高收入的人带来压力。弗雷的研究发现，人们的行为是非理性的：过高估计了在未来获得更高收入的效用，又低估了诸如友情和社会互动等非市场行为所带来的幸福。弗雷的著作听起来似乎与“新时代自助指南”这类经济学教科书一样，然而，它暗示道，忽略一些经济学家的收入最大化假设是有价值的。

我们从增加的收入中获得的幸福很快就消耗殆尽的一个原因，在于额外收入的边际效用会迅速递减。这一观点是由奥地利经济学家**卡尔·门格尔**（Carl Menger，1840—1921）在1871年提出来的。该观点认为，尽管你的第一单位所得能给你带来很高的效用（满足感），但你的第二单位所得给你带来的满足感将会下降。比如，如果你已经拥有一辆汽车，再去购买第二辆真能使你更加幸福吗？边际回报递减理论认为，与其一味增加消费品数量，你还不如转而从诸如旅行与休闲这样的多样化生活体验中寻找幸福。

实际上，增加额外收入甚至可能使你的幸福程度下降。经济史学者阿夫纳·奥弗尔在《丰裕的挑战》（*The Challenge of Affluence*）一书中，研究了收入增加会如何带来诸如缺乏锻炼、肥胖与压力（来自对失去财富的恐惧）等新问题。换句话说，收入变高所制造出的新问题比其能够解决的问题更多。

经济学理论

新古典理论（一种强调自由市场重要性，并且假定消费者和企业在追求最大化效用/利益中的行为具有理性的经济学范式）起始于假定产出和消费越大，所带来的满意度和幸福感就越高。

然而，如果你对收入水平不抱有佛教徒式的超然态度，暗自渴望拥有一大批宝马车，研究幸福经济学的美国经济学家**贝齐·史蒂文森**（Betsey Stevenson，1971—　）认为，事实上，收入与幸福之间存在着紧密的联系。她声称，富人是社会上最幸福的人，幸福指数随着收入的增加而稳步上升。

期望的作用

贝齐·史蒂文森的一个有趣见解是，自1970年代以来，女性自我报告的幸福指数绝对水平有所下降——尽管在1970—2000年间，女性就业机会不断增加，性别薪酬差距缩小，由女性负责做家务的情况也变少了。对史蒂文森来说，这是一个悖论。

她认为一个可能的原因是期望不同。在1970年代，女性对职业的期望很低，但在21世纪，女性有更大的希望和期望，因此，当她们达不到时，就会有更大的不快乐。这似乎表明，如果你想快乐，低期望值可能会有所帮助。不过，正如史蒂文森所指出的，这也可能凸显了询问人们是否快乐的调查的局限性。

抉择时刻

如果我们的目标是增加收入和消费更多的商品，我们可能会同意边沁等人的标准经济理论。然而，如果像西托夫斯基一样认为额外的收入对幸福感几乎没有帮助，我们就应该去寻找生活中更具挑战性的方面，培养新的兴趣，这些兴趣能给我们带来物质主义永远无法带来的满足感。

经济学如何解决邻里纠纷?

科斯 ‖ 帕累托 ‖ 格鲁伯 ‖ 塞勒 ‖ 卡尼曼 ‖ 费尔 ‖ 桑德尔

我们总是与邻居之间存在纠纷，那么，经济学能否为解决诸如噪声、不规整的围栏、房屋边界争议等问题提供可行方案呢?

非常幸运的是，诺贝尔奖得主、英国经济学家**罗纳德·科斯**（Ronald Coase，1910—2013）的研究正好能够帮到我们。他的研究也为后来变得众所周知的科斯定理奠定了基础。科斯在其研究中提供了两个相邻的农场主如何解决纠纷的案例：一个农场主饲养奶牛，另一个种植庄稼。但问题来了：奶牛吃了庄稼，使得种庄稼的农场主面临经济上的损失。

由谁补偿?

根据科斯定理，一个有效率的解决方案是，牧牛人向作物被吃掉的农民支付补偿。这也和我们的预期一致。但是，科斯进一步认为，其实谁拥有产权或谁被认为是过错方并不重要。如果牧牛人拥有所有土地的财产权，就会变成由种庄稼的农民付给牧牛人一笔钱去建围栏以阻止他的庄稼被牛偷吃。根据科斯定理，这是因为寻求解决冲突的两个邻居，会一直协商他们之间的解决方案，直到双方都对最后的结果满意为止。

对一个非经济学家来说，这与我们的直觉似乎不相符合。那么这一理论真对我们有帮助吗?设想你的邻居应对围栏负责，但围栏垮掉了，这将导致你的后花园失去私密性。你的邻居可能声称他没有钱再建围栏。而且不重修围栏也是他的权利，但你所失去的私密性对你来说很有价值。再让我们假设你相当富有而且又特别重视生活的私密性。此时，你尽管并不对围栏负责，但还是愿意付出500美元为你的邻居修一个新围栏。你的邻居将会因你付费给他修围栏而快乐，你也将因为你的私密性比500美元更重要而感到快乐。

这就是科斯定理的实际意义：只要产权被界定清楚了，具体是哪一方不想建围栏，以及哪一方对付出成本更敏感并不重要。换句话说，科斯定理意味着，如果对我们来说所得的价值超过成本，我们就不必在沉默中忍受，而必须有意愿去通过付费来解决问题。

在经济学术语中，科斯定理可这样表述：在交易成本为零时，如果产权已经被界定清楚，市场机制将使参与方自行解决他们间的争议，并最终导向帕累托最优结果（Pareto efficiency outcome）。这一概念，是意大利经济学家**维尔弗雷多·帕累托**（Vilfredo Pareto，1848—1923）提出来的，它是一个互惠性协议：每个人都能从交易中有所收获（至少没有任何一方有所损失）。“帕累托最优结果”正是我们在解决邻里纠纷时所渴求的结果。

现实检验

然而，一些经济学家对科斯定理的实用性提出了批评。这包括了科斯本人，他对其他一些经济学家以他的名字命名的理论从未表现出热情。

经济学理论

如果两个行为主体之间产生纠纷，但产权已被清晰界定，两个主体之间总能达成有效率的解决方案。

同时，美国经济学家**乔纳森·格鲁伯**（Jonathan Gruber，1965—　）声称，这一理论忽略了真实世界中的各种惯例和关系。设想你正好住在一个大型场馆隔壁，每到星期六场馆的音乐声就放得很大，并且一直持续到凌晨2点。这令你非常烦恼，且很希望改善这一处境。因此，你与场馆达成一项交易：如果场馆要在夜间播放喧闹的音乐，就必须给你相应的补偿。也就是说，只要按每小时50美元的价格获得场馆的赔偿，你就愿意忍受被噪声打扰的睡眠。但是，向你的邻居索要补偿，真的会让你感到快乐吗？

寻求公正

同样，假定你能够克服与邻居进行交易的尴尬，但这家场馆认为，他们有权播放音乐，这是他们的权利，如此一来，你若想拥有一个安静的晚上，就必须赔付他们50美元。理论上讲，你可以认为安静的晚上值50美元，并且根据科斯定理，无论谁拥有初始的产权，这并不重要，但对你来说，初始产权属于谁非常重要。

在这一点上，你可能认为，你不关心什么经济效率，而关心有明确的证据表明，人们不喜欢不公正的报价，并且愿意承受经济上的损失以惩罚提出这种报价的人。

——理查德·塞勒

为什么是你要为不让场馆大声放音乐进行赔付？行为经济学家**理查德·塞勒**认为，科斯定理是建立在一个关于人性的不切实际的假设上的。他指出，人们并不总是把经济效率作为最高目标，我们对公正这样的价值也同样非常珍视。

从理性经济人的预期出发，为获得一个安静的夜晚付50美元是值得的。但是，我们并不必然要按这一经济学预期去行动。靠付费让场馆把他们播放音乐的音量降下来似乎并不公正，我们不想涉及与鼓励“恶劣行为”相关的任何经济交易。

权利的情感

另一个论题与所谓禀赋效应（endowment effect）有关。根据心理学家**丹尼尔·卡尼曼**（Daniel Kahneman，1934—　）的观点，我们对我们所拥有的东西估价过高，是因为其所附加的情感，因此我们对于任何损失都感到很沮丧。作为场馆所有者，因为这是我们的场馆、我们的音乐，我们对于强行中止夜间音乐会的损失看得非常重；与此同时，作为邻居，如果我们已习惯于夜晚有个安静的睡眠，我们对于被打扰后对方应该给予的赔付额度的要求也可能高得“不理性”。换句话说，我们对于禀赋，或者说既得权利的情感，将使理论上基于市场化的解决方案成为不可能。与此同时，正如哈佛大学法理学教授邓肯·肯尼迪（Duncan Kennedy）所言，初始的权利配置非常重要。如果场馆拥有大声喧哗的权利，交易过后我们的财富将变少。

不幸的是，因为交易成本、禀赋效应，以及讨价还价这一社会性难题，邻里纠纷靠市场交易来解决的案例在实际中很少。

互惠性合作

然而，行为经济学能够为解决邻里纠纷提供常识性方法。有一种经济学理论认为，人类是非常倾向于互利互惠的，或者正如奥地利行为经济学家**恩斯特·费尔**（Ernst Fehr，1956—　）所言，人们总会做出有条件的合作。换句话说，如果有人做了坏事，我们倾向于宽容对待；但如果有人帮助了我们，我们会把报答作为义务。这一观点在处理邻里纠纷时非常有用。

假设我们确实为音乐噪声所烦恼，甚至忍不住想与制造噪声的人狠狠吵上一架。但是，假设我们参观了这家场馆并且语调平和地表扬他们的食品和啤酒（行为经济学认为，在你对场馆的主人示好后，他们一定会同样对你示好），其结果，他们可能会同意在午夜后调低音乐的音量。提供一些善意的言辞以及对他们啤酒的赞美并不值钱，但其回报可能是让你有更大的机会重新享受夜晚的安静睡眠。根据互惠经济学原理，这是比你掏出钱包或威胁起诉更高的智慧。如果你想从邻居那里获得什么，你可以先看看是否能给他们提供金钱之外的帮助。

危险的回报

科斯定理的另一个问题，是对市场产生的潜在的腐败影响。曾研究过市场道德限度问题的美国哲学家**迈克尔·桑德尔**（Michael Sandel，1953—　）认为，金钱激励和契约会减少社会合作。假设

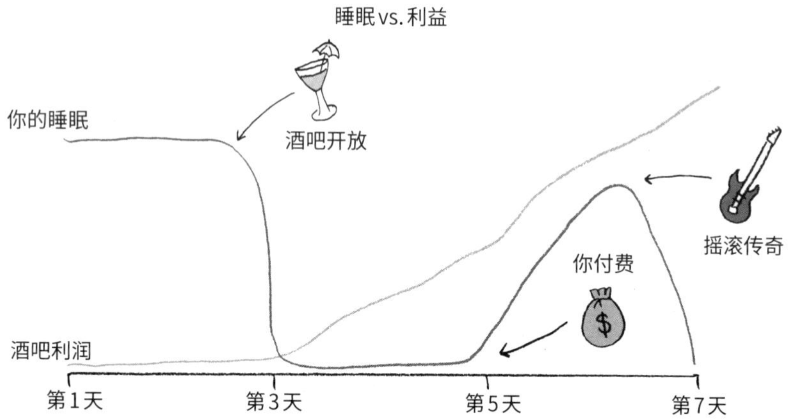

我们为了让其降低噪声而付给邻居50美元，这将对其行为产生长期影响。他们可能会想：这是一笔很好的生意，我只要不放音乐就能获得50美元。于是，他们不仅周六晚上这么干，可能周二晚上也会变成传奇摇滚夜，然后你在周二晚上也得付50美元以换得他们调低音量。

桑德尔可能会质疑，你为什么要为获得安静的时间而付费给那些年轻人让他们调低音量。某种程度上，它可能有经济效率，但作为父母可能会担心给孩子付费将传递给他们一个错误的信号，怂恿他们后续长期的坏行为。

如果你正好与一个大型飞机场相邻，寻求补偿是可行的。但对于解决邻里纠纷这样的小事，求助于市场则几乎很少能够成功。

抉择时刻

你可能觉得科斯定理提供了一个与大公司解决纠纷的工具，但作为一个受人尊敬的邻居，你可能同意桑德尔关于市场道德限度的观点。在此案例中，费尔根据有条件的合作理论提出的建议或许更可行。

现有的经济学是一个虚幻的理论体系，它与真实世界中实际发生的事情几乎没有关系。
罗纳德·科斯

是在彩票上赌一把好，还是在不买保险上赌一把好？

伯努利 ‖ 弗里德曼 ‖ 萨维奇 ‖ 卡尼曼 ‖ 特沃斯基 ‖ 塞勒

人们可能会表现出看上去十分矛盾的行为特征。我们可能孤注一掷把钱赌在彩票上，这是一种风险偏好型行为。然而购买彩票的中奖概率非常低；赌博是一种傻瓜游戏，基于平均律，你注定将会赔钱。与此同时，我们可能表现出风险厌恶行为，并且购买保险来降低我们损失金钱的风险。然而，从长期看，购买保险意味着我们的所得一定低于我们的付出，否则保险公司都要关门。因此，我们能否对这种看似悖论的行为做出解释，即为什么明明中奖概率如此之低，我们的行为仍会表现出风险偏好，而在购买保险这种平均看来我们一定会吃亏的事上，却又表现出风险厌恶？

经济理论能给我们什么启示？1738年，瑞典数学家**丹尼尔·伯努利**（Daniel Bernoulli，1700—1782）较早进行了这方面的研究，以解释消费者在不确定性结果条件下的消费选择。这就是后来众所周知的期望价值理论。伯努利假定人们既考虑潜在产出，又考虑事件的可能性。比如，有5%的机会赢2 000美元意味着平均期望值为100美元。

这一简单的理论认为，我们在做决策时会权衡可能性和产出，

> 例如，同一财富水平可能对某个人意味着赤贫而对另一个人意味着巨富，这取决于他们的流动资产。
>
> ——丹尼尔·卡尼曼和阿莫斯·特沃斯基

由此产生“游戏”的期望值，如果游戏可进行多轮。然而，这只适合于玩类似扑克牌这样的游戏，如果你认为给房屋买保险这样的游戏也可无限度地玩，则是不现实的。你一年中可玩100次扑克牌，平均率将使你获得平均支付。但死亡保险则不是一个我们可以多次玩的游戏。如果你死了，那一切就结束了，你没有机会再玩下去（投胎转世是另一回事）。就算你在首轮扑克牌游戏中足够幸运，你这种幸运迟早会流逝掉。但是如果你早夭，游戏就直接结束了。就算告诉你生命的平均期望值应该是活七十年也并不会让你舒服些。

然而，伯努利也注意到，有一些个体是风险厌恶者，宁肯选择有保证的80美元，也不愿选择100美元的期望收益。伯努利看到，手里的活钱对穷人来说远比富人要更值钱。因此，一个穷人可能选择有保证的80美元（风险厌恶），而富人则可能选择冒险去赢得赌博。这是一种早期的观点，即不同的人可能是风险偏好型，也可能是风险厌恶型，尽管该理论没法很好地解释有人同时既是风险厌恶型又是风险偏好型这样的悖论。

金钱的效用随收入水平变化

1948年，**米尔顿·弗里德曼**和美国数学家**伦纳德·萨维奇**（Leonard Savage，1917—1971）提出了效用函数，来解释为什么我们对同样的金钱表现出不同的效用依赖于我们的收入水平。我们可能认为第一笔10 000美元收入的效用非常高，因为这10 000美元对我们维持基本生活非常必要。当我们的收入从30 000美元增加到40 000美元时，我们仍然感觉不错；但给我们带来的那种满足程度的提升已经比不上第一笔10 000美元。如果我们的收入

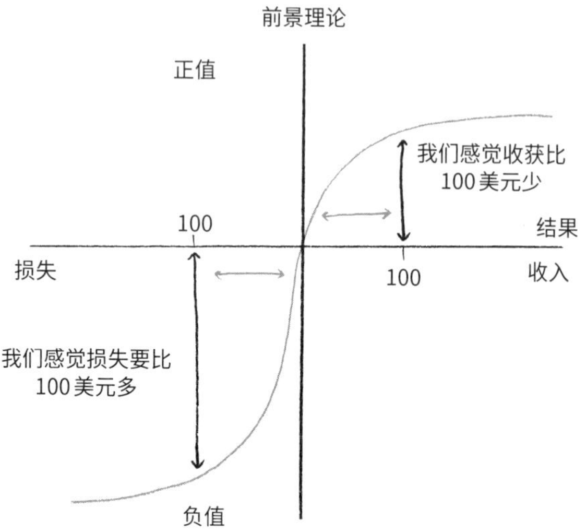

从40 000美元降到30 000美元，我们还能负担起基本生活需求。这就是我们为什么要为房屋购买保险，因为一旦火灾发生了，没有房子住将是灾难性的。但一年因为保险损失300美元我们则完全负担得起。

“弗里德曼—萨维奇效用函数”（Friedman-Savage utility function）是解决金钱效用依赖于收入水平的一种努力。但它仍然因其不足而被批评——它无法解释为什么富人更喜欢赌博。

相对前景

前景理论（prospect theory）是行为学理论的一个范例。经济学家试图用人类心理学来解释为什么传统的经济学理论可能不适用。前景理论是由心理学家**丹尼尔·卡尼曼**和**阿莫斯·特沃斯基**（Amos Tversky，1937—1996）在1979年提出的，这一理论认为，人们做决定时总是会寻找一个相对的起点作为参考。在目前的收入水平上，我们不愿失去我们所拥有的。与已有的东西带给我们的感情依恋相比较，获得同样的东西其吸引力要小得多。如果我们拥有房子或汽车，我们会对它有依恋感。一想到可能失去它，我们就感到沮丧。相比之下，因不购买保险而一年节省下来的300美元，吸引力就较小。这解释了为什么我们可以忍受投保带来的损失。在决定是否投保时，期望值（和平均值）定律似乎不是我们总会考虑的规则。

经济学理论

为最大化我们的效用，对于很小概率的很大损失我们是风险厌恶者，同样，当赌注很低时，我们是风险偏好者。

特沃斯基和卡尼曼所提出的前景理论的另一个方面是，必须考虑到我们会如何“设计”我们的观念。例如，我们可能会努力评估概率。我们的房子有0.000 1%的可能被烧毁，但是我的思想聚焦在发生火灾是可能的这一点上。同样，可能中彩票的机会只有千万分之一，但我们的意识集中在中奖是可能的上，这时就很难意识到千万分之一是什么意思。

禀赋效应

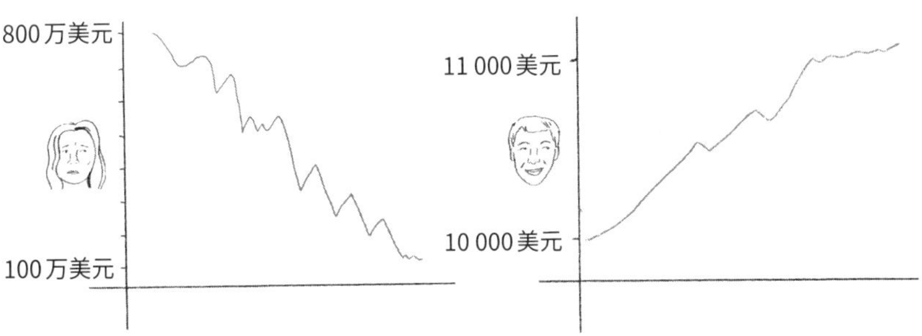

钱越多并不意味着越幸福，它是相对的

这就是即使风险很小我也要去购买保险，而即使赢的机会非常有限我也要去购买彩票的原因。

谁更快乐?

你觉得以下二者谁更快乐？一个穷人所获得的财富从10 000美元增加到11 000美元，还是一个百万富翁看到自己的财富从800万美元减少到100万美元？从理论上讲，仍然拥有100万美元的人应该更快乐。但是个体可能并不这样认为，重要的是相对于他们已经拥有的，发生了怎样的变化。行为经济学家**理查德·塞勒**称之为“禀赋效应”。它解释了为什么我们希望能确保我们已有之物的安全——没人喜欢丢失东西的感觉。

高风险保险

假设你花10 000美元买了一辆新车，你估计只有很小的、大概5%的概率汽车会被偷或撞毁。但是保险很贵，比如说，一年900美元。如果你不投保，则有5%的可能损失10 000美元，预期损失为500美元。但是，如果你不投保，你就节省了年保费900美元，这高于预期损失的500美元。如果你觉得这就像一场赌博，那你就不要买保险。但这时经济学家到底会建议你如何做呢?

损失10 000美元的想法可能一年四季都在你的脑海里盘桓，

人们一般对已经成为自己财产一部分的东西的估价，要高于那些可能成为自己财产一部分但仍然未拥有的东西。

——理查德·塞勒

你此时也许就不关心什么平均法则和期望效用理论了，而是只想着“墨菲定律”，这一定律认为，如果担心可能出什么问题，就一定会出什么问题。对失去一切的担心会扰乱你的平静。所以，付出900美元，你可以收获心安。这900美元的损失你可以负担得起，而你可能负担不起10 000美元的损失。当潜在损失很高时，选择规避风险是理性的。

抉择时刻

前景理论和收入效用递减表明人们不应该冒不投保的风险。但是，如果你为一台新电视购买保险，可能会有所不同。在这种情况下，使用预期效用理论可能是值得的，因为潜在的损失是可负担的，而且这种保险对保险公司非常划算。如果你想赌一把，就在电视上赌一把它不会损毁吧。

是否有必要随手关灯？

贝克尔 ‖ 塞勒 ‖ 凯恩斯

在成长过程中，我们几乎肯定听过父母提醒我们关灯，可能还会带上这样一句话，“钱不是树上长出来的”。如今，环境因素给了我们更多的理由随手关灯，那么我们真的能从经济学上证明还是应该让它们亮着吗？

随手关灯合乎情理吗？

假设电费是15美分每千瓦时（常简称为“度”），我们使用一个20瓦的灯泡。如果我们让这盏灯开启10小时，它将耗电200瓦时的能源，也就是0.2度，总成本为3美分。把灯关掉，一小时能为我们节省不到1美分。假设我们要出去玩两小时。在出门前我们停下来思考，也许我们应该花5分钟到各个屋子里检查一下灯是否关闭了。走遍各个房间我们发现共有6盏灯亮着。关掉6盏20瓦的灯，两小时可以节省120瓦时（0.12度）或1.8美分。但是为了节省1.8美分是否值得耗费我们5分钟的时间？正如本杰明·富兰克林所说：“记住，时间就是金钱。”古典经济学家会同意的，因为一切都有经济上的价值。如果我们为每5分钟节省1.8美分，那我们为此付出的劳动只值每小时22美分。

做出理性选择

加里·贝克尔主张更多地使用理性选择理论。这一理论认为，我们要做出一个合乎逻辑的决策，就必须权衡一下决策的所有成本和收益。如果冲出家门节省时间，理论上讲，不关灯的边际成

> ……人类所有的行为都可以看成是参与者从一组稳定的偏好中最大化其效用，并在多元市场中积累最佳数量的信息和其他投入。
>
> ——加里·贝克尔

本只有1.8美分。况且，如果你外出时把家里的灯都开着，也许能够小小地提高家里的安全性。六盏灯亮着两个小时只要1.8美分，这比每小时花60美元雇用一名保安要廉价得多。

自相矛盾的行为

但是，如果让电灯一直开着是一个如此便宜且合理的选择，为什么让电灯开着会成为引发家庭争吵的一大原因？**理查德·塞勒**提出了一个名为心理核算（mental accounting）的消费者行为理论。他注意到许多消费者行为都存在自相矛盾的地方。比如，如果我们的房子总价值下降了10 000美元，这可能对我们没有太大影响。但是“看到一盏灯一直亮着”这种事则会对我们的心理效用产生深远的影响。这就是为什么非常富有和慷慨的人，在离开家时也总要想想是否有必要把灯都关上。损失1.8美分对百万富翁来说真算不了什么，与其说这关乎成本，不如说即使是百万富翁也不愿意承受向电力公司支付不必要的电费所带来的心理折磨。

我们可以出去吃顿饭，然后快乐地给服务员留10美元小费，但是我们回到家，我们的快乐消失了，因为我们花了1美分让电灯亮了整个晚上。从严格的理性选择理论角度来说，这是不合逻辑的，但是塞勒等经济学家的观点就是认为消费者的行为往往不合经济学逻辑。

别当回事

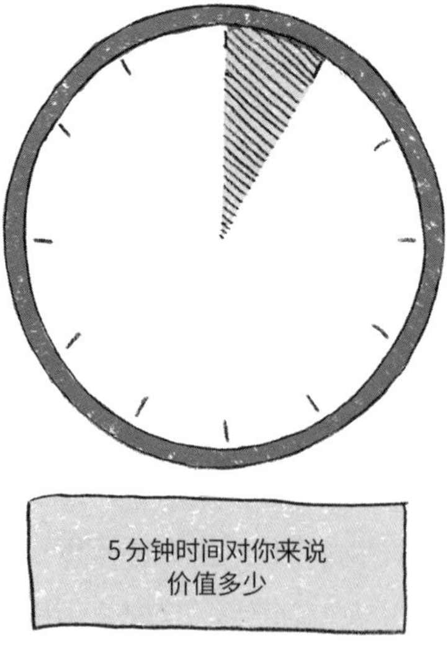

你该如何对待离开后让灯亮着的人呢？贝克尔可能会建议，最管用的生活技能就是别当回事。这个很小的经济学见解可以帮助你更好地享受生活。下一次当某个家庭成员外出时仍然让灯开着，你可以提醒自己实际成本是相当低的。如果这对你有帮助，建议以积极的方式运用心理核算。假定每年你会因让灯亮着而承受10美元的不必要损失，但作为回报，这10美元能够使你获得心理上的平和并且完全超然于电灯亮着还是关着。与此同时，你还看到，这10美元可以作为防止窃贼和改善安全性的合理投资。这种观点可以使小损失合理化。

那么，伟大的英国经济学家**约翰·梅纳德·凯恩斯**（John

Maynard Keynes，1883—1946）在这样的情况下会怎么办呢？老实说，我们不知道。他从未提出过关于电灯是该打开还是该关闭的理论；他一直忙于提出自己的理论来解决大萧条。凯恩斯会因为要为几个电灯付点钱而生气吗？可能不会。在大萧条期间，凯恩斯建议付钱让人们在地上挖洞，然后再把洞填满。看上去凯恩斯不像那种会因为消费了一点钱在电费上而感到难过的人。

如果你一年365天都留意随手关灯，省下来的钱也就够你买一杯咖啡

然而，这就是经济学所宣称的主张吗？对是否值得把灯关掉的吹毛求疵的分析？考虑一下这种情况：如果你去拜访父母，你能向他们解释一通什么是理性选择理论，然后对他们说，因为你想让灯整夜一直开着，所以将付给他们35美分以补偿电费开销？从理性角度来说，这样做确实符合经济学逻辑。但是，人们真的会这样做吗？当然不会。因为这会让亲人感到尴尬。

促进和谐

在处理人际关系时，优先考虑边际效用最大化（参见第19页）和经济效率可能是错误的。保罗·米尔格罗姆等经济学家注意到，除了理性选择之外，还有许多因素会影响我们的行为。因此，在现实生活中，关灯不仅仅是钱的问题，更关系到你是否关注他人的愿望，以及通过诸如关灯这样的小事来表达我们对他人的在意。如果你的伴侣生活成长于战后的贫困岁月，随手关灯可能是一种

> 尽管理性选择理论相当有吸引力，但其在经济和社会实验中的失败已经激发起经济学界寻求新方法的兴趣。
>
> ——乔纳森·莱文和保罗·米尔格罗姆

根深蒂固的习惯，我们需要在进行选择时尊重他们的偏好。如果你开始和父母就每周付35美分进行讨价还价，就违背了在家庭里一切都应以促进和谐为先的意识。

畅销书《魔鬼经济学》(*Freakonomics*)的合著者之一史蒂芬·J.都伯纳喜欢从市场和激励等经济角度考虑问题。他觉得，我们给餐厅的服务员小费却不给航班上的空姐小费是一个反常现象。按照他的逻辑，空姐应该得到和出租车司机以及餐厅服务员一样多的小费。在一次飞行中，他试图给空姐小费，把钱放在她手里。然而，这位空姐很愤怒，不仅拒绝小费而且还反驳道："我不是服务员。"从此，他再也没试过这样的事。

这是经济学理论与社会规范和期望相冲突的一个很好的例子。只是因为给空姐小费或人离开后让电灯亮着符合经济学逻辑，所以我们就得这样做，这并不是一种明智的观点。有时我们必须把逻辑和边际效用放在一边，转而考虑对其他人来说什么更重要。如果我们花时间关掉灯，我们的父母会认为我们是个好儿子或

经济学理论

理性选择理论认为，即使是做很小的决定，都应该客观看待并且权衡其成本和收益。

者好女儿。如果我们试图用边际效用理论忽悠亲戚朋友，等我们被踢出局时，可能才会发现自己付出了昂贵的代价。

抉择时刻

如果是你自己的房子，你可能会同意贝克尔和理性选择理论，不必担心灯是否关了，因为成本微乎其微。但是，为了保持与其他人的和谐关系，我们可能更应该像塞勒和莱文说的那样做，即使财务成本/效益分析表明还有其他选择。

是否应该关心垃圾的回收再利用？

鲍莫尔 ‖ 金纳曼 ‖ 兰兹伯格 ‖ 芒格 ‖ 贝克林

在过去的几十年里，回收再利用率随着政府对垃圾填埋处理和自然资源枯竭的担心而上升。尽管带来了额外的不便，但回收再利用还是获得了公众广泛的支持。然而，一些经济学家并不信服。他们认为，如果考虑到所有的成本和收益，我们可能最好任由垃圾被扔掉。尽管我们认为回收再利用是件好事，但经济学家能再次扭转这一印象吗？

美国经济学家、多产作家**威廉 · 鲍莫尔**（William Baumol, 1922—2017）曾深入研究了“外部成本”或者说“外部性”的问题（参见第10页）。鲍莫尔认为，如果没有更好的办法，我们就该把回收再利用这件事交由自由市场来处理：如果公司重视垃圾回收再利用的市场价值，它们就会为它付费。但如果垃圾填埋有外部成本，那么回收可能就是值得的，即使没有利润。

经济学理论

如果社会收益超过社会成本，回收再利用就是值得的。这里的社会成本不仅包括市场价格，而且还包括污染等外部成本。

据世界银行的调查，填埋垃圾的一个外部成本是温室气体排放：几乎占全球的5%，而且问题还在变得日益严重。世界银行估计，城市垃圾将从2012年的13亿吨上升到2025年的22亿吨，而且越来越集中在城市郊区的垃圾填埋场。

美国经济学家理查德 · C. 波特在其《垃圾经济学》（*The Economics of Waste*,

2002）一书中声称，在确定回收再利用的可行性时，我们还需要权衡一下社会成本和社会福利。回收再利用是有益的，因为回收产品卖给工业界，能够降低矿山原材料与垃圾填埋场的外部成本。不过，回收再利用也有其社会成本，包括运输、回收过程本身以及垃圾分类的劳动时间（家庭内部的垃圾分类和回收仓库里的工作）。因此，尽管回收再利用可能听起来本质上是好的，但它的社会效用并不必然能够得到保证。

可再生材料的价格变动，使情况变得更加复杂了。讽刺的是，在美国和欧洲，因为回收再利用项目的成功导致了供给的增加，这间接压低了可再生材料的价格，使其利润大不如前，结果就是回收再利用计划可能成为该计划本身的受害者。一些可再生塑料和玻璃价格跌得如此厉害，以至于回收回来的材料最终又被填埋的事也经常发生。

在回顾了2002年的回收再利用状况并对其社会收益和成本进行权衡之后，波特的结论是，至少在那一年，垃圾回收再利用可能对美国大多数地区来说没有意义。

这取决于材料

美国经济学家**托马斯·金纳曼**（Thomas Kinnaman，1965— ）专门研究了固体垃圾和回收再利用的经济学。他认为，回收再利用是否划算，可能取决于材料的类型。有一些材料诸如锡、铝和钢，从最初的原材料中提炼出来非常困难而且昂贵。因此，回收再利用这些产品的回报率往往也很高。但是，对于其他材料，比如玻璃和塑料，回收成本通常高于社会收益。金纳曼指出，回收再利用在环境友好性方面比我们认为的要低。因为收集垃圾，将

其运至回收再利用设施（通常比垃圾填埋场更远），进行处理然后重新投入生产，都需要消耗能源。

回收再利用的一个主要动机是对垃圾填埋场的关注。金纳曼指出，没有任何人想住在垃圾填埋场旁边。如果你住在填埋场附近大约3公里内，你的房产可能会贬值。同时，人们还担忧垃圾填埋场的甲烷排放以及其蚕食空间的可能性，人口密集的高海拔地区尤其如此。回收再利用有助于降低依赖垃圾填埋场处理垃圾的外部成本。然而，金纳曼认为，回收再利用从来就不是简单明了的事：不仅可再生产品价格有波动，而且技术也在变化。至少在发达国家，现代垃圾填埋场在防止甲烷排放还有泄漏方面做得很好，一些填埋场甚至可以把废气转化为电力。

如果你开车去回收站回收塑料瓶，这真的对环境有好处吗?

回收再利用有没有内在价值?

芬兰经济学家安妮·赫塔拉认为，芬兰50%的高回收率，可以从经济和环境两个角度得到解释。也就是说，垃圾回收再利用，除了社会成本和收益的考虑外，还应该考虑消费者的环境偏好。换句话说，如果消费者认为回收再利用垃圾比将其留在垃圾堆里更好，那么我们可以把这一偏好加在回收再利用的收益里去。托马斯·金纳曼也做了类似的研究。他认为，选择回收再利用的理由之一，是可以证明消费者承担了更多的社会责任，其消费行为

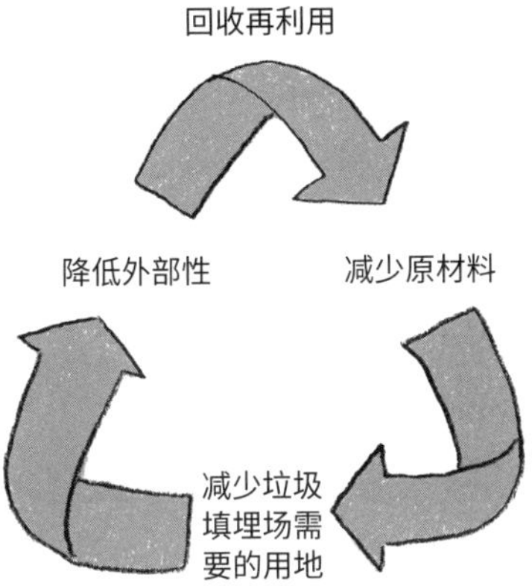

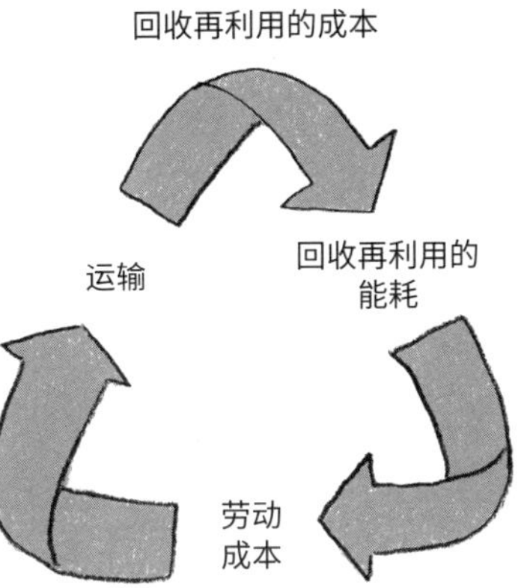

更具有环境友好性。然而，金纳曼也注意到另一种可能性，即回收再利用可能成为“抵消”我们所有的“环境罪”的一种快捷方式。把塑料放进回收箱，比诸如骑自行车上班或减少能源消耗等更实质性的改变，要来得容易和廉价得多。因此，回收再利用可能只是让我们感觉良好一些，但并不是我们想象的那样真是一种美德。

美国自由主义经济学家**史蒂文·兰兹伯格**（Steven Landsburg，1954—　）并没有被回收再利用的“好处”所折服。在其著作《扶手椅上的经济学家》（*The Armchair Economist*）中，他认为对纸张的回收再利用只会导致树木和森林越来越少。因为，如果工业能生产更多的再生纸，人们就没有植树的必要了。他指出，如果回收再利用真有市场价值的话，它就会自发产生；但当成本大

> 他们真正关心的是回收再利用的仪式感，而不是其后果。
>
> ——史蒂文·兰兹伯格

于收益时政府仍强迫我们去回收再利用，那么这将会是一种不受社会欢迎的行为。他还解释说，牺牲掉一些荒野来填埋垃圾，以换得“不用进行垃圾分类的奢侈”，是值得的。

回收再利用的时间成本

分类回收垃圾所需的时间，是许多经济学家考虑的重要因素。克拉克·怀斯曼认为，垃圾分类所需的工时经常被低估或被忽视，导致回收再利用的实际成本也被低估了。考虑到这一点，回收再利用在经济层面上就不那么有效率了。回收再利用那些低价值材料的时间，可以用来做一些更有利于生产的环境保护工作，比如用于捡垃圾或研究减少包装数量的方法。

另一个美国自由主义经济学家**迈克·芒格**（Mike Munger，1958— ），也对广泛存在的垃圾回收再利用持批评态度。他认为，回收绿色玻璃没有什么价值，而且更便宜的方法就是把它压碎然后扔进垃圾填埋场。虽然沙地在理论上是有限的，但它毕竟不像时间一样有限和珍贵。

发展中国家的回收再利用

荷兰环境经济学家**彼得·范·贝克林**（Pieter van Beukering，1967— ）研究了全世界的各种回收再利用和垃圾管理方法。他注意到，发展中国家的回收再利用商品的市场更大，由此形成了将美国和欧洲的垃圾运向印度等国家的一个庞大市场。这对印度公司有利，因为他们获得的纸张成本更低，有更多的就业机会和市场规模增大带来的经济效益提高，而这些又反过来使得回收再利用过程更有效率。这是一项有争议的政策，因为它看起来像是西方正在将其垃圾转移到更贫穷的国家去，但范·贝克林认为，如果有人在为垃圾买单，“你可以打赌也一定有人因回收再利用垃圾而获益”。他指出，我们在垃圾回收再利用方面的努力，即使对我们自己没有好处，但对发展中国家来说可能是有益的。

抉择时刻

如果你享受垃圾回收再利用带来的好处，你可能会同意安妮·赫塔拉关于我们应该更多地回收再利用的观点。如果你认为回收再利用没有什么特别的益处，你可能会听托马斯·金纳曼的，只费心去回收金属垃圾，因为你确信只有在回收金属垃圾方面，其社会收益大于成本。

如何利用经济学理论减肥?

贝克尔 ‖ 勒文施泰因 ‖ 塞勒 ‖ 卡尼曼 ‖ 谢林 ‖ 列维特 ‖ 万辛克 ‖ 桑斯坦

全世界的肥胖率都在上升。而能与其保持同步增长的似乎只有一件事，即我们花费在减肥上的开支。尽管流行的减肥法层出不穷，但似乎没有什么能阻止或扭转我们体重增加的趋势。然而，一些经济学家认为，只要激励到位，任何问题都能解决。那么，经济学理论如何帮助我们瘦下来呢?

理性选择学派的经济学家，比如**加里·贝克尔**认为，每一个选择都与我们对相关成本和收益的感知有关。肥胖问题在于吃东西的好处当下可见，而身体长胖却是将来的事。用经济学术语讲，我们有一个现期偏好。另一个问题是，再多吃一颗花生米的边际增重让人感觉非常有限，多吃这么一点与我们体重的增加之间好像没有很大的直接联系。因此，我们的自然冲动总能战胜我们想少吃一点的明智想法。

美国行为经济学家**乔治·勒文施泰因**（George Loewenstein，1955— ）曾提出一个冷静—激情状态理论。当我们处于“冷静状态”时，我们想节食减肥；但处于“激情状态”（例如走进充满诱惑香味的餐厅）时，我们会屈服于环境压力，点的食物也会超出我们原来计划好的量。任何节食者都会意识到，正是这种模式使我们的减肥计划落空，但经济学会如何转变我们这无法控制自己行为的倾向呢?

激励和成本

回到加里·贝克尔的原则，任何问题，包括吃得太多，都可以通过改变激励机制和成本来解决。所以，如果肥胖的代价足够高，我们自然就会选择避免肥胖的饮食和生活方式。**理查德·塞勒**描写了两位经济学家，约翰·罗马利斯和迪恩·卡兰，如何想出了一个相当极端的减肥方案。他们签了这样一份合同，承诺在6个月内努力把体重减轻30磅（13.6公斤），谁如果没有做到，就有责任支付给另一个人10 000美元。如此之高的潜在成本成功地为他们提供了减肥的动力。为了保持体重，他们又继续签订了未来四年的金钱激励合同。

幸运的是，你不必投入10 000美元来设置一个正确的激励措施。**丹尼尔·卡尼曼**编写了一个只需要很少投入的应用程序，这一程序运用行为学的基本原则来推动个体做出正确的选择。该应用程序要求用户为错过了健身课而付钱，且这笔钱将被划入到其他坚持健身计划的用户账户里。卡尼曼指出，一想到要赔钱，即使是比如5美元这样相当小的金额，也可以成为很有效的激励工具。这是因为存在损失厌恶效应（loss-aversion effect）——我们对损失比收益看得更重。5美元的潜在罚款远比成为健身房或减肥俱乐部会员所花费的预付金带来的减肥效果更有效。

战略到位

美国经济学家**托马斯·谢林**（Thomas Schelling，1921—2016）因其博弈论分析而被授予诺贝尔经济学奖。博弈论主要与如何解决冲突相关，但谢林声称，他的博弈论研究也可以用于解决诸如戒烟或节食问题。这一观点是根据他本人已经尝试戒烟十五年的个人经验提出的。理论上讲，他看到了必须在吸烟或戒烟之间做一个明确的选择，但他的大脑不断提醒他还有第三个选择——

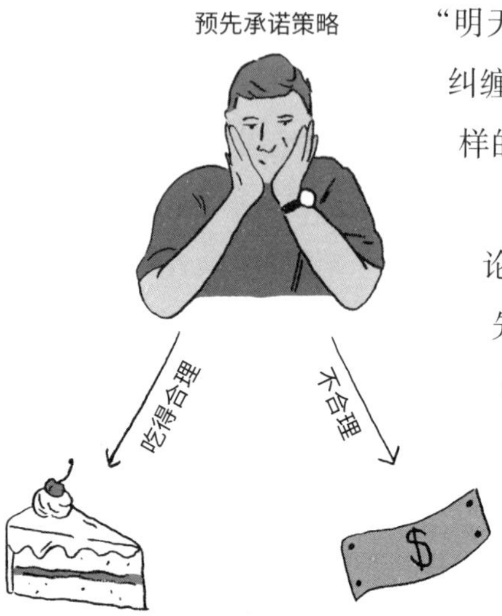

如果你不愿意自己的体重增加，这会改变你的理性，让放弃蛋糕变得容易

“明天再戒烟”，这与想减肥者经常纠缠于“我明天再开始节食”是同样的道理。

谢林在其博弈论研究中讨论了这一问题，并且认为“预先承诺策略”（pre-commitment strategies）可以帮助个体做出正确选择。他举了个例子，希腊哲学家色诺芬曾建议，在危险的悬崖边打一场仗是好事，这样一来军队就必须勇敢地战斗，因为没有逃离战斗的第三种选择。为了节食或者戒烟，我们只要找到这种类似的绝境来保证计划的实施。问题是众多减肥产品和健身房会员，使得我们常感觉还有其他选择。当我们购买减肥产品或成为健身房会员时，我们只是在感觉上对节食做出了一种象征性承诺，而这实际上阻止了我们去做真正需要做的事情。在他的文章《为自我控制而进行的激烈竞争》中，谢林建议我们使用预先承诺策略来提高自我控制能力，这种策略包括公开自己的决心、制定决不允

> 如果一个人可以在较早的时间点做出有关该行动的最终决定，且不考虑之后的变化，那么他将会做出与其认为自己会做的选择完全不同的选择。
>
> ——托马斯·谢林

许退出的严格规则，以及使得获取不符合需求的商品变得更加耗时。

节食的一个问题是美食比其他东西带来的享受都要大。如果我们闻到新鲜出炉的饼干香味，它可以很快推翻我们的减肥计划。但是，一定记住理性选择理论的观点：我们只需要增加暴饮暴食的成本，并且像个经济学家一样思考。美国经济学家**史蒂芬·列维特**（Steven Levitt，1967—　）在他的广播播客“对抗肥胖的100种方式”中建议我们随身携带装满了令人作呕的气体的小瓶子。当我们受到美食诱惑时，我们就有了一个使食物变得不受欢迎的便携式机关。因为它使得我们对食物不再那么渴望而有效提高了饮食的成本。列维特注意到，虽然这种办法用如此小的成本获得了不错的效果，但健康专家们并不感兴趣。不过，除了使我们自己不想进食之外，我们也需要考虑臭味的外部成本——它可能使得我们的朋友和家人也不想吃东西。这种极端的措施最后可能会让我们变得只能独自进食，而这样或许是不利于减肥的。

经济学理论

改变进食的成本和收益，可以为坚持节食提供必要的激励，并且能克服我们把当下的享受看得比未来更重的倾向。

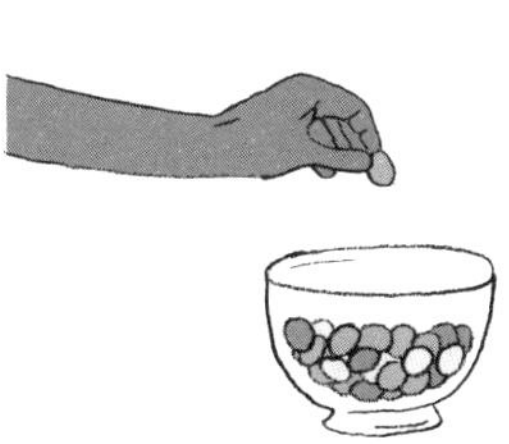

让碗口开着——人们更容易去吃

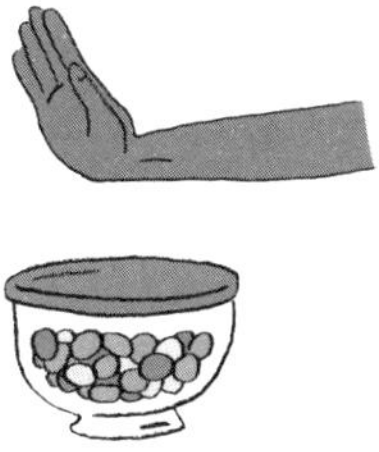

把碗口盖上——人们更容易选择不吃

小心放坚果的地方

我们可以从行为经济学中学到的另一堂课是，环境会在何种程度上影响我们的选择。美国经济学家**布莱恩·万辛克**（Brian Wansink，1960—　）在2006年的一项研究中，专门观察了一些傻瓜式选择。在一个关于喝汤的实验中，他将其中一个小组的汤碗设定为在汤被喝完后会自动由桌上的装置将汤重新装满。该小组的成员不仅没有注意到这一点，还多喝了73%的汤。万辛克同时也做了如下实验，即要求人们在行为上做一些小的改变，看是否对他们的减肥有帮助。最有效的改变是使用较小的盘子，不要在看电视时进食以及在吃点心前先吃水果。

行为经济学使用术语助推（nudge）和助推理论，来描述使用奖励和间接建议来影响人们的行为。理查德·塞勒和**凯斯·桑斯坦**（Cass Sunstein，1954—　），在他们的著作《助推：如何改善我们的健康、财富和幸福》中，描写了一件小事对行为经济学产生的影响。在邀请学生们一起进餐时，他注意到很多人都会不断地食用装满了一大碗的坚果。因为担心吃太多坚果可能对他们的胃造成伤害，他把碗拿走了。那天晚上有许多人感谢他这么做。这件事告诉我们，当食物很容易得到时，我们选择进食只是因为食物就摆在那里。

> 当自控问题和傻瓜式选择混合在一起，则必然导致一系列的坏结果。
>
> ——理查德·塞勒和凯斯·桑斯坦

另一个例子来自谷歌设在纽约的办公区。一开始他们把巧克力豆放在巨大的开口篮子里，但后来又试着把它们放在有盖子的碗里。这种变化使得巧克力豆的每月消费量减少了三百万。这不是火箭科学，但是它显示了我们厨房和冰箱的“架构”（食品的展示方式）如何影响了我们的饮食习惯。对于节食者来说，这意味着我们能让食用高纤维、低热量的食物变得更容易，而让食用那些会增加体重的食物变得更困难。

如果你真的绝望了，最后一个可供选择的办法是去那些肥胖率较低的国家定居。在美国人肥胖率高达27%的时候，日本人的肥胖率只有2%，这表明，美国社会存在的一些问题，从分量的大小到快餐的普遍性，都对造成肥胖问题起了错误的助推作用，而在日本，其助推方向是正确的。

抉择时刻

经济学提供了一系列令人意外的建议。我们很难忽视由塞勒、桑斯坦和卡尼曼等人提出的助推和食品展示理论的重要性。然而，仅仅是排除诱惑可能还远远不够，在此情况下，我们可以按照谢林的建议，找到一种防止我们半途而废的办法。给我们自己设定金钱上的惩罚可能就是我们所需要的额外激励。

生几胎是最佳选择?

列维特 ‖ 韦恩特拉布 ‖ 贝克尔 ‖ 刘易斯 ‖ 马尔萨斯

对于经济学家来说，一个家庭的最佳规模听起来可能是个奇怪的话题。20世纪末，经济学家加里·贝克尔试图把经济学与儿童的数量和质量联系起来，结果导致了学界的一场抗议风暴——我们怎么能把家庭事务简化为单纯的经济问题呢？然而，在警惕经济因素在事关爱情和家庭问题上的局限性的同时，完全忽视其影响也是错误的。经济学/金钱至少是影响家庭规模的一个重要因素。

重商主义（mercantilism）是经济学界早期的一个理论流派。诸如让-巴普蒂斯特·科尔伯特这样的重商主义者认为，经济学的目的是为了积累黄金和财富。

另一个有助于发展经济的方法是多生孩子。有更多的孩子，就会带来财富积累所需要的人口增长和更多资源。对于重商主义者来说，高出生率是经济强大的标志。今天，重商主义的理论已经不太可能促使父母去生更多的孩子。然而，尽管效果很有限，韩国、丹麦以及新加坡等国，都在为解决出生率下降问题而推出各种新措施来鼓励扩大家庭规模。不过，政府的鼓励措施看上去对我们所认为的该生几胎最好的观念影响甚微。

刺激生育

生孩子的动机是什么？在2005年出版的《魔鬼经济学》一书中，记者史蒂芬·都伯纳和经济学家**史蒂芬·列维特**写道："经济学家喜欢激励措施。典型的经济学家认为，只要可以自由设计合适的激励机制，世界上就没有什么不能解决的问题。"因此，也许我们可以把关于最佳家庭规模的观念与经济激励联系起来。

苏联解体后，俄罗斯的出生率创历史新低。2007年俄罗斯政府宣布，9月12日将被定为“国家受孕日”，当天生孩子的产妇有机会赢得冰箱、现金和汽车。到2011年，俄罗斯的出生率从2000年的1.2上升到了1.7。理论上讲，物质产品能够给生更多孩子这一行为以财政激励，而国家层面的活动可以使大家庭更具吸引力。尽管有很多因素影响出生率，但政府政策的确可以影响我们在家庭规模上的决策。

金钱的利弊

罗伯特·E. 韦恩特拉布（Robert E. Weintraub，1925—1983）是一位专门研究出生率和经济发展的经济学家。他认为，家庭规模与农业人口比例、婴儿死亡率以及收入等基本经济因素有关。对于那些生活在贫穷中的农村家庭来说，孩子被视为可以有助于农场工作的经济资产；而对于生活在国家养老金和医疗保障为零的社会中的家庭来说，养育孩子可以为晚年提供保障。韦恩特拉布指出，随着发展中经济体收入的增加，家庭规模将减小。因为随着收入的增加，你不需要孩子来充当经济资产，而抚养孩子却会让你承担更多的经济责任。

当生活在贫穷的农耕社会中的儿童为其家庭收入做贡献时，那些生活在发达国家里的孩子在教育和抚养上所需的开支却会给家庭财政增加负担。在美国，抚养一个孩子的成本从20万美元到100万美元不等。不需要经济学家提醒我们也知道，由于学费、生活费等金钱成本，甚至因为必须花费时间陪伴孩子，生儿育女会使我们在职业路径上发展得更慢，养育孩子是件很昂贵的事。

质量的代价

另一个需要考虑的因素是你能够负担得起给你的孩子一个怎样的人生起点。**加里·贝克尔**与美国经济学家**H. 格雷格·刘易斯**（H. Gregg Lewis，1914—1992）在1974年发表了一篇论文，研究了孩子数量与质量的相互影响。他们建立了一个模型：你越想保持孩子的“质量”，你想多生孩子的机会成本就会上升得越高。

谈论孩子的“质量”看上去似乎是个很私人的事，但即使使用其他术语，父母还是会考虑这些问题。他们会觉得，孩子的“质量”将取决于他们作为父母能否根据家庭的经济状况，给孩子最好的人生起点。在一个竞争越来越激烈的社会中，提供优质教育的成本，可能包括学校的学费、额外的培训费和课外活动支出，以及购买高价学区房的费用。因此，父母可能会为了给已有的孩子提供最好的教育，而决定少生几个孩子。

在这个模型中，贝克尔和刘易斯认为，你所要考虑的不只是你想拥有多少个孩子，还有你想花费多少钱在他们身上，以确保他们在社会竞争中处于优势。通过这个视角去考虑多生孩子的可能性，或许只有非常富有的人才能负担得起更多后代的开支——也只有富人阶层才

会出现与发展中经济体收入提高会导致孩子减少完全相反的趋势。

经济学理论

边际效用理论将权衡多生孩子的成本与收益。考虑到潜在的成本与收益，这一理论比此前任何时候都更有价值。

权衡成本与效用

边际效用理论在考虑这个问题时很重要。也就是说，你要问一问自己，多生一个孩子的边际效用是否大于其边际成本？多生一个孩子的边际成本包括夜不能眠、更多的焦虑以及美国农业部2015年一份报告中显示的233 610美元的支出。当然它也有边际效用，包括无法描述的快乐以及我们从孩子身上收获的爱与幸福。这也的确是我们无法用价格来衡量的真实存在。但经济学依然为你决定生几个孩子提供了一个粗略的分析框架。当然，你是否要与你的伴侣提及边际选择理论则是另一回事——有些事情不要说出口也许更好。

最可怕的噩梦是，你多生了一个孩子并且花了如此多钱，而他却成长为一个麻烦制造者。幸运的是，加里·贝克尔告诉我们不必担心，在其开拓性的熊孩子定理（rotten kid theorem）中，他

我们这个研究的关键性特点是，孩子数量的影子价格（即在给定质量不变的前提下，多生一个孩子的成本）越高，孩子的质量就越高。

——加里·贝克尔和格雷格·刘易斯

提出，金钱激励措施足以使熊孩子表现良好，并最大化家庭和他们自己的财富。贝克尔认为，想要从父母那里获取金钱的自私欲望会鼓励孩子做出良好的行为并努力维护家庭和谐。对这一理论来说，唯一的警告是，它要求当父母的必须足够富有且有能力留下一笔遗产。如果没有什么让他们继承的话，那些熊孩子可能并不会费心费力地去照顾年老的父母。

人口会超过食物供应?

一般来说，生孩子的时候我们不会考虑其对社会和未来的更广泛影响。但是，在审视人口增长这一问题上，我们必须对英国经济学家**托马斯·罗伯特·马尔萨斯**（Thomas Robert Malthus，1766—1834）表达敬意。马尔萨斯要对经济学被贴上“阴郁的科学”这一标签负间接责任。马尔萨斯对这个世界给予我们的生存机会抱有一种极端的悲观态度。他认为，全球人口将以超过农作物生产的速度快速增长。对马尔萨斯来说，唯一的逻辑结果就是饥荒、死亡和我们所熟知的文明末日。如果你认为马尔萨斯的理论很有价值，在决定生几个孩子时一定会三思而后行。幸运的是，马尔萨斯的预言在许多场合都被证明是错误的。世界人口确实在呈指数级增长，但我们还有食物盈余；这就是技术的进步。

不过，有点像神话中的怪兽海德拉，每当马尔萨斯被驳倒时，他的理论总会以另一种形式重新出现。这次有些不同，我们被告知，技术进步不能一直给我们在农业生产上带来指数级增长，因为环境已接近崩溃点。全球变暖会让地球不那么适合人类居住。我们绝对可以把这个作为少生孩子的理由。另一方面，我们生的孩子越多，生出下一个爱因斯坦或牛顿的可能性也越大，而这样的天才能够解决世界上的很多问题，包括为所有人安居地球找到解决方案。

抉择时刻

如果我们同意贝克尔和刘易斯的观点，我们希望给孩子们最好的教育和人生起点，那么，我们可能需要少生孩子，除非我们很有钱。然而，我们也可以完全摒弃金钱和经济上的考虑，在决定生几个孩子的问题上，去追随我们的内心而不是参考我们的钱包。

第二章：消费

如果我爱喝啤酒，喝多少比较合适？

边沁 ‖ 密尔 ‖ 杰文斯 ‖ 马歇尔 ‖ 门格尔 ‖ 希克斯 ‖ 凯恩斯 ‖ 费雪

如果喝啤酒给你带来快乐，你如何计算出最佳的啤酒饮用量？如果某件事值得做，这是否意味着最好是做过头？像凯恩斯这样聪明的经济学家怎么会犯一个如此基本的错误，竟然没把香槟喝到够？

边际效用是经济学中的一个重要概念，它指的是你从一件商品的最后一单位消费中获得的享受程度。这一概念起源于19世纪英国哲学家**杰里米·边沁**和**约翰·斯图尔特·密尔**（John Stuart Mill，1806—1873）提出并推广的功利主义哲学。这种哲学认为，最好的行动方针是使你和社会的幸福最大化。如果喝啤酒给你带来快乐，功利主义哲学家会建议你喝个痛快。功利主义试图挑战那些以规则为基础的道德，而这种进路又吸引了试图归纳消费者行为的经济学家。

边沁是一位哲学家、社会改革家、法律改革家，也是女性、同性恋和动物权利的倡导者，所以他会涉足经济学也不足为奇，尤其是，边沁还是评估消费者选择的先驱者。效用原理是经济学中频繁出现的一个术语，因此详细考察它的实际含义是很有必要的。边沁认为，在评估一个决定的效用时，我们应该从快乐和痛苦的“维度”对它们进行排序，比如由此产生的幸福感的确定性，这种幸福感是否只是暂时的，这个决定将如何影响我们未来的幸福，等等。

一个重度啤酒爱好者可能会本能地喜欢功利主义的享乐主义，

但既然边沁要求我们考虑幸福的可持续时间和未来的后果，他实际上是在建议我们应该谨慎评估喝这么多啤酒到底能带来多少效用。短期的快乐只是效用的一个方面。在评估我们的选择时，需要把第二天早上可能经历的宿醉也考虑进来。

再来一杯啤酒

在早期功利主义之后，经济学家**威廉·斯坦利·杰文斯**和**阿尔弗雷德·马歇尔**提出了边际效用的概念。这一概念强调的是额外多加一杯啤酒的效用。换句话说，当你决定喝多少时，你不是简单地评估你有多喜欢啤酒，而是在这个特定的时间点你到底有多么地想再喝一杯。杰文斯还指出，理性的消费者应该将啤酒的边际效用与成本价格进行比较。仅仅因为你喜欢啤酒并不意味着第七杯啤酒的效用会大于成本。

幸福和啤酒消费

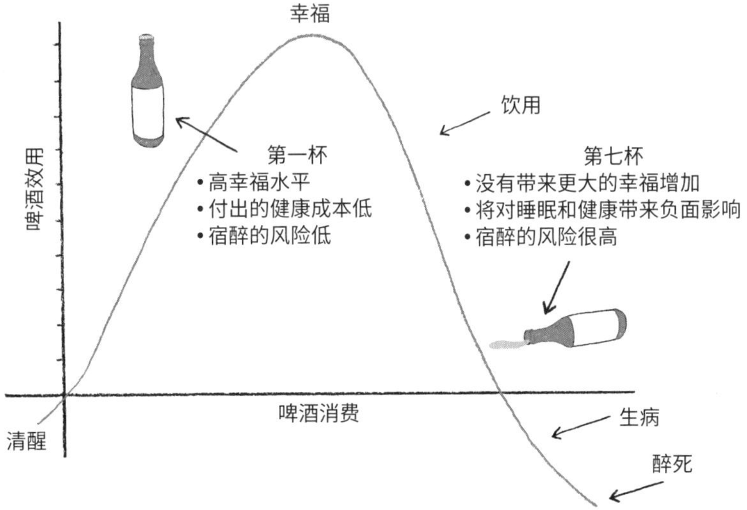

> 我唯一的遗憾是我这一生中没有喝更多的香槟。
>
> ——约翰·梅纳德·凯恩斯

1871年，**卡尔·门格尔**通过发现边际收益递减现象而继续拓展了边际效用理论。这一概念与啤酒的最佳饮用量尤其相关。如果你渴了，第一杯啤酒会给你带来很高的效用，对你的健康几乎没有什么影响。但是，如果你已经喝了六杯啤酒，那么第七杯的边际效用是多少呢？此时，多喝一杯啤酒会让你的幸福感下降。第七杯会加重明天的宿醉，让你第二天感觉很糟糕。虽然第一杯啤酒可能给你带来很多满足感（正效用），但第七杯也有可能让你感到不舒服（负效用）。

有一些物品（诸如水）的消费将贯穿你一生，其边际效用递减程度会表现得慢一些。很少有人从喝水中获得负效用。但对于喝啤酒或吃蛋糕而言，我们必须注意的是，其边际效用可能会下降得非常快。

为了比较某物效用的变化，经济学家使用一种名为“util”的标准计量单位。现在，你可能会认为经济学家提出“util”这样的概念非常棒，但实际上，当你购买像啤酒这样的商品时，是很难准确地评估其到底价值多少“util”的。事实上，你喝得越多，衡量效用就越困难。后来的经济学家认为，给消费品标注一个数值（并称其为基本效用）的概念与现实世界无关。

有影响力的英国经济学家**约翰·理查德·希克斯**（John Richard Hicks，1904—1989）认为，实际情况是我们面对着一个更简单的偏好选择。七杯啤酒（21美元）和宿醉？或者三杯啤酒

（9美元），但没有宿醉？希克斯认为，这种偏好选择是对生活更现实的写照。也许当我们年轻的时候，会更喜欢尝试第一种结果。但是，随着时间的推移，我们带着头痛去上班的意愿下降了，就会开始更倾向于适度饮酒。

啤酒	总效用	边际效用
	0	0
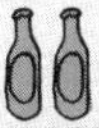	10	10
	15	5
	18	3

我们的判断有多理性？

如果**约翰·梅纳德·凯恩斯**后悔没有多喝香槟，与凯恩斯同时代的伟大的美国经济学家**欧文·费雪**（Irving Fisher，1867—1947）则持完全相反的观点。费雪出身于一个严格的新教家庭，是美国禁酒令的热心支持者。他认为你如果喜欢喝啤酒，那就是错的，而政府应该改变你的决定。有趣的是，费雪攻击了杰文斯的功利主义，他认为人们经常把欲望误认为满足。

费雪举了一个例子，酒精是一种有害品（消费者低估或忽视了消费它的成本，且这种消费会伤害到社会上的其他人），其产生

> 一个人从他所拥有的某物的存量的每次增加中获得的额外收益，随着他所拥有的总存量的增加而减少。
>
> ——阿尔弗雷德·马歇尔

经济学理论

边际效用理论认为，在有限的预算下，我们可以通过消费一定数量的商品来获得最大的满足感，从而使我们的幸福最大化。

的负面影响被称为负外部性。然而，有害品由什么构成只是个人见解的问题（也可称为规范性陈述或价值判断）。我们的主观感知也会影响我们对酒精摄入量的看法，因为我们有**盲目乐观**的倾向。行为经济学中的这一概念指出，我们倾向于高估发生在我们身上的正面事件的可能性（比如喝酒的好处），而低估发生在我们身上的负面事件的可能性（比如宿醉）。

有害品和盲目乐观的概念对新古典主义经济学提出了挑战。根据主流经济学的说法，消费者可以评估某物的效用，或者至少做出理性的选择。但费雪等新古典主义经济学家认为，不能相信个人会自发地做出正确的选择，应该有监管来改变他们的行为。

那么我们应该听凯恩斯的还是费雪的呢？本能地，大多数人会认为他们完全有能力计算喝更多啤酒的边际效用。但不得不承认，这种认知往往是在我们确实大大低估了边际效用递减的情况下获得的。

抉择时刻

你可能会同意凯恩斯和边沁的观点：饮酒很快乐！但是，不要忘记边际收益递减——仅仅因为你喜欢啤酒并不意味着你会享受一天中的第七杯啤酒。或者，你可能会像费雪一样，觉得喝啤酒的乐趣被高估了很多，其他还有更多启发性的乐趣等着你去享受，比如学习经济学。

能相信二手车推销员吗?

阿克洛夫 ‖ 格雷欣 ‖ 斯宾塞 ‖ 塔巴罗克 ‖ 考恩

汽车是我们将会购买的最昂贵的物品之一，但人们购买二手车时往往会有一定程度的恐慌不安。我们对二手车推销员的不信任是正确的吗？还是应该相信市场的力量呢？

柠檬的酸效应

1970年，美国经济学家**乔治·阿克洛夫**（George Akerlof，1940— ）发表了颇具影响力的论文《柠檬市场：质量不确定性与市场机制》。现在看来这是一篇具有开创性的作品，并最终使他在2001年获得了诺贝尔奖。（有趣的是，在1970年的时候，它曾被三家经济杂志拒稿，其中一家说："如果这是正确的，那经济学将会大有不同。"）

这篇论文谈到了我们是否应该信任一个二手车推销员的问题。阿克洛夫观察到，在某些交易中存在信息不对称。这是一种技术上的委婉说法，意指二手车推销员知道汽车的质量，但消费者不知道。（这表明有个笑话还是有一定道理的："二手车推销员和保险推销员的区别是什么？二手车推销员知道他什么时候在说谎。"）对于消费者来说，信息不对称意味着我们不知道我们买的是柠檬车（质量差的车）还是桃子车（质量好的车）。

我们面临着一个困境，如果经销商为一辆高质量车开出高价，我们会不愿意购买。因为我们担心，尽管汽车看起来光亮，但我们无法真正了解车的质量好坏。人们不信任二手车推销员，所以他们很难高价卖出真正的桃子车。阿克洛夫认为，在二手市场上，桃子和柠檬的价格往往会趋向于中间价。二手车推销员无法为真正的好车卖到好价格，但消费者仍有可能以高价买到一辆真正的柠檬车。这种情况的含义是，我们对二手车推销员的怀疑是正确的。

阿克洛夫认为，另一个问题是，由于二手车的价格受到柠檬问题的负面影响，拥有一辆真正好二手车的人将不愿意把它投入市场，因为他们知道它不会卖到一个公平的价格。所以，二手市场吸引的是柠檬，因为桃子将会退缩。这也使我们更不愿意购买二手车，因为我们可以预料到低质量汽车占比很大。阿克洛夫称其为逆向选择（adverse selection）。

早在16世纪，英国商人**托马斯·格雷欣**（Thomas Gresham，1519—1579）就发现了劣币驱逐良币的现象，三个世纪后，这被称为格雷欣法则。格雷欣在这里指的是汇率，但我们可以把这个原则应用到一个相关的概念上，即坏车把好车赶出了市场。阿克洛夫认为，诚实的汽车经销商处于不利地位。他们并不打算以虚高的价格出售柠檬，但他们确实受到那些出售柠檬从而降低市场价格的无良经销商行为的影响。这也意味着，如果你想买一辆二手车，你更有可能遇到无良经销商，而不是诚实的经销商。

解决问题的办法

然而，并非所有经济学家都会对二手车市场的这种悲观情绪发出警告。伊斯雷尔·柯兹纳发表于1976年的一篇文章《了解知识：关于信息作用的主观主义看法》指出，企业家和消费者找到了解决潜在的柠檬问题的方法。一个简单的解决方案是让二手车推销员为他们的汽车提供担保。

自由主义经济学家威廉·L. 安德森延续了这一主题，他认为市场不完善是市场过程的一部分。安德森指出，购买二手车时，人们可以花钱请专家检查汽车的缺陷。如果你花10 000美元买了一辆新车，花100美元请一位汽车专家来进行检查有助于提高交易效率。如果你没有一个懂汽车的朋友，你也可以虚张声势，假装你的朋友是专家。仅仅是害怕被曝光可能就让对方退缩了——汽车经销商怎么知道你的同伴是不是汽车专家呢？这就是有利于你的信息不对称！

此外，阿克洛夫自己也推测柠檬市场可以在一定程度上得到缓解。他指出，保险担保和商人声誉的存在可以抵消一些信息不对称。近年来，专业经营高档二手车的大型二手车经销商数量有所增加。这些全国性经销商的规模和数量提供了避免销售柠檬的强大动机。以高价卖几个柠檬或许很快就能赚到现钱，但声誉的

> 不诚实的代价不仅在于购买者被欺骗的金额，其成本还必须包括将合法企业赶出市场所造成的损失。
>
> ——乔治·阿克洛夫

损失会从长远角度上让这笔生意最终变得不划算。

与阿克洛夫在2001年共同获得诺贝尔经济学奖的美国经济学家**迈克尔·斯宾塞**（Michael Spence，1943—　）研究了经销商使用某些信号来表明他们的车不是柠檬的方法。比如，一个公司大量投资于广告和大型经营场所，这些昂贵的沉没成本表明，该公司能够支付得起广告并打算长时间经营，这也就意味着你可以信任该经销商。

此外，在一个互联网评论和移动定位的时代，不满意的客户更容易留下反馈，潜在买家也更容易看到相关的商品信息与卖家信息。经济学家**亚历克斯·塔巴罗克**（Alex Tabarrok，1966—　）和**泰勒·考恩**（Tyler Cowen，1962—　），经济学博客《边际革命》（*Marginal Revolution*）的合著者，在2015年发表的文章《信息不对称的终结》中支持了这一观点。他们认为，现代技术

经济学理论

信息不对称意味着消费者在购买二手车时可能处于不利地位。这可能意味着我们最终得到的是一辆质量低劣的汽车，我们有理由怀疑二手车经销商的诚信。

使买卖双方能够找到许多克服信息不对称的方法，信息不对称尽管可能存在于互联网时代之前，但在我们现代的数字世界中并不存在。

2002年，经济学家温纳德·埃蒙斯和乔治·谢尔登调查了瑞士巴塞尔市的二手车市场，在那里，二手车必须接受强制性的车辆安全检查。研究发现，通过推销员私下购买二手车时，其存在缺陷的概率变高了，这证实了阿克洛夫的理论。不过，他们也指出，从大型经销商那里购买的二手车，其出现缺陷的概率变低了。换句话说，它们比普通二手车更可靠。这意味着，如果你想买一辆二手车，可以选择那些看上去打算在这里长时间经营的大型经销商，但这种市场也催生了大量的私人小型经销商。

你可能认为，一个大经销商比一个在酒吧卖二手车的可疑人物更可靠的道理，并不需要经济学家来告诉你。而且，根据自由市场的逻辑，你在哪里购买并不重要——市场早已给出了公允价值：私人推销员风险更高、质量可能更低的事实已经反映在其价格差异上了。但是我们不能鱼与熊掌兼得吗？难道我们不能以低价买一个桃子，而忽略汽车经销商的利润和风险溢价吗？

《甜甜圈经济学》（*Doughnut Economics*，2017）一书的作者凯

> 信息不对称已不再是对二手车市场的合理描述，因此，无论是在销量、产品多样性，还是在交易的可靠性和价格的合理性方面，我们都不应对二手车市场的繁荣感到惊讶。
>
> ——亚历克斯·塔巴罗克和泰勒·考恩

特·拉沃斯认为，新古典主义经济学的问题在于假设每个人的行为都是出于自私自利。拉沃斯认为，这忽视了包括互惠互助、社会责任和声誉效应在内的人性的现实。换句话说，为什么我们要假设有人卖二手车就是想宰我们呢？如果我们了解了卖家，或者他就是我们当地的某个已知人物，社会压力可能会鼓励他们诚实。这种方式可能使我们两全其美：价廉物美并增加了当地的社会信任。

抉择时刻

如果我们接受阿克洛夫的理论，那么从私人卖家那里购买汽车风险更大（尽管它们也更便宜）。然而，我们也可能同意考恩的观点，在这个互联网时代，从经销商那里购买产品在质量上会更可靠，所以我们信任大型经销商是正确的。

怎样才能更好地管理公共资源?

劳埃德 ‖ 奥斯特罗姆 ‖ 德·索托 ‖ 弗里德曼 ‖ 哈丁 ‖ 海勒

如果有一个所有权不明的共享资源，我们如何更好地管理这个资源？有可能实现与其他人合作并防范管理不善吗？或者，唯一的解决方案只能是把公共资源分割成多个不同的私人所有权吗？

1833年，英国经济学家**威廉·福斯特·劳埃德**提出，拥有公共使用权的草地公共区域很容易受到过度放牧的影响，这一概念被称为“公地悲剧”（参见第14页）。劳埃德假设个人是理性效用最大化者，他们总是试图用最小的成本获得最大的价值，这也是主流经济学理论的一个基本假设。然而，如果有100名村民同时最大化他们的私人效用，他们可能会忽视社会效率水平（社会生产的最优水平），并导致公共土地的过度放牧。

如果人们知道土地被过度放牧，他们可能会减少对土地的使用来保护资源。然而，问题在于，人们有一种搭便车的投机心理，即利用他人的节制来获利。即使我们合理地使用资源，资源可能也并不足够，因为其他人会通过搭便车来逃避责任，导致资源受损。如果我们看到一种公共资源以这种方式退化，我们可能会觉得有必要进行政府管制以限制其使用。例如，枯竭的渔业资源需要政府立法以防止过度捕捞。除了过度使用，公共资源还可能受到忽视。在现代生活中，我们可能不会太在意被过度放牧的草地，但当共享的办公室厨房总是一团糟时，我们一定会感到恼火。这是同样的搭便车问题：人们自己不打扫卫生，而总是希望别人去打扫！

自发的合作

美国政治经济学家**埃莉诺·奥斯特罗姆**（Elinor Ostrom，1933—2012）是第一位获得诺贝尔经济学奖的女性（2009年），她认为公地悲剧的理论案例很少与现实相符。在实践中，当地社区往往能找到管理共享资源的有效方法。在她颇具影响力的著作《公共事物的治理之道》（*Governing the Commons*，1990）中，奥斯特罗姆列举了许多当地社区在没有政府干预或分割土地所有权的情况下有效管理了公共土地的例子。她提到，例如瑞士和德国的许多高山社区，就有效地自我调节了公共放牧区域，并通过几个世纪的学习了解了哪些资源最好进行集体管理，哪些资源需要通过私人所有权进行管理。是社区意识、地区荣誉感和自律，而不是搭便车的投机心理，在鼓励人们自愿珍惜共享的资源。

因此，根据奥斯特罗姆的观点，建立奖励负责任的行为、劝阻和惩罚不负责任行为的地区规则框架是完全有可能的。回到共享厨房，学生们的厨房区域可能确实会是一团糟，但当我们毕业后在办公室工作时，我们更有可能制定出合理的规则，比如轮流

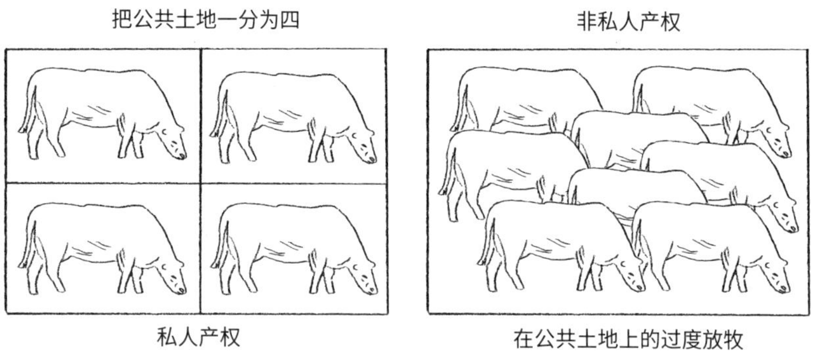

私人产权可防止公地悲剧

打扫厨房卫生。

凯特·拉沃斯在她的著作《甜甜圈经济学》中，对传统经济学进行了批判性的审视。她认为，经济学理论往往假设人们是理性的自我服务者，而实际情况可能并非如此。关键是，公共领域在理论上很容易出现过度消费和市场失灵现象，但实际上，在当地的实践中还存在着更强的关系纽带和社会责任感，会鼓励人们去爱惜公共资源。

如果你受到当地集体行动逻辑的启发，你可能会对奥斯特罗姆建议的“公共池塘资源”（CPR）机构的八个设计原则感兴趣。这些建议强调了建立自我管理系统的重要性，其主要依靠内部信任、受影响者的有效监督和适应当地情况的公共资源规定。

奥斯特罗姆的研究挑战了经济学的主流观点，后者强调个人在理论上会追求利益最大化，却对人们在当地社区环境中的实际表现关注得不够。在评估奥斯特罗姆的影响时，美国法学教授、土地利用专家李·安妮·芬内尔指出，奥斯特罗姆首先着眼于现实，然后才根据现实创建理论。

私有产权的力量

虽然地方自治在某些情况下可以奏效，但秘鲁经济学家**埃尔南多·德·索托**（Hernando de Soto，1941—　）采取了截然不同

我称之为“奥斯特罗姆定律”的一条格言：一种在实践中行之有效的资源安排，在理论上也行得通。

——李·安妮·芬内尔

与早期理性选择理论提出的观点相比较，人类有着更为复杂的动机结构和更大的能力来处理社会悖论。

埃莉诺·奥斯特罗姆

的方法。在其著作《资本的秘密》（*The Mystery of Capital*）中，他提出，缺乏明确界定的产权是发展中经济体变得更富有的绊脚石，且尤其是对那些没有法律授权意识的社会最贫困阶层的挑战。德·索托解释说，当人们对产权缺乏信任时，实物资产就会变成“死资本”，他创造了这个术语，用来指产权没有明确定义的住宅，这意味着它不能用作贷款的抵押品。这也使得人们更难以有信心投资于企业。例如，如果没有私有住宅，公共事业公司就不愿意投资基础设施，因为很难让人们为此花钱。

德·索托认为，我们不应鼓励模糊的地区资源共享意识，而应努力界定财产权，即使这意味着将资源分割成更小的单元。只有当人们拥有财产权时，他们才会感到真正的责任感和参与感。他的观点受到自由市场经济学家的欢迎，比如**米尔顿·弗里德曼**。弗里德曼强调，除了保护私有财产外，政府干预也应尽可能减少。然而，值得记住的是，德·索托不仅支持对财产权的界定，而且还认为，关键是将财产权扩大到那些目前生活在贫困中、没有所有权意识的人。从实际的角度来看，这可能意味着游说政府为你的住房、资源和设施提供产权保障。

经济学理论

由于缺乏明确界定的产权，管理许多人共享的公共资源可能导致过度消费或疏于照顾。

> 毁灭是所有人奔向的终点，每个人都在一个信奉公共自由的社会中追求自己的最大利益。公共的自由会给所有人带来毁灭。
>
> ——加勒特·哈丁

从解决共享厨房混乱的角度来看，德·索托的哲学可能涉及限制每个人只使用一只盘子和一个杯子，因此每个人都被迫清洗自己的盘子，没有搭便车让他人去洗干净盘子的选择。

过度使用和滥用

对生态学家来说，即使是受私有产权保护或依赖地区合作的公共资源，在不受监管时，仍可能导致过度消费。1968年，美国生态学家**加勒特·哈丁**（Garrett Hardin，1915—2003）提出，如果没有适当的监管，许多公共资源都可能会被过度使用。例如，砍伐树木可能带来短期的收益，但它也改变了自然的长期生态平衡，威胁到环境的可持续性。这表明，为了可持续发展，仅依靠自我监管可能是不够的。相反，考虑到长期影响，政府监管是必要的。例如，严格（但不受欢迎）的捕捞配额制度成功保护了北海的鱼类资源。

最后一个想法来自美国产权教授**迈克尔·海勒**（Michael Heller，1962— ），他在《僵局经济》（*Gridlock Economy*）一书中指出，如果一种资源有太多单独的私人产权，就可能导致僵局，并阻碍最佳利用。海勒举了一个专利流氓的例子，他们购买专利不是为了创造有用的产品，而是为了起诉任何使用类似产品的公司。回到我们的草地问题，如果它被几个私人所有者瓜分，一个不靠谱的业主可能会给其他想要使用供水系统的人带来生活上的麻烦，更不用说水源使用争议可能产生的法律费用了。

抉择时刻

如果你同意奥斯特罗姆关于自我监管的乐观观点，你应该与邻居以及当地社区的成员合作，追求负责任的消费和使用。然而，如果你认为这不太可能，你可能更喜欢德·索托的哲学，去寻求私有产权。或者，为了环境的长期可持续性，你可能会同意哈丁的观点，认为唯一的办法就是政府监管。

应该允许付费插队吗？

贝克尔 ‖ 桑德尔 ‖ 斯密 ‖ 罗斯

最近，越来越多的公司允许消费者付费排到队伍前面去。你可以在机场付费优先登机，也可以在游乐园付费插队。付费让他人替你排队甚至成为一个日益广阔的市场。从经济角度来看，这通常是有效的，如果我们有钱，这可以节省我们相当多的时间。然而，这是一个我们应该鼓励的趋势吗？

插队经济学是理性选择理论的另一个例子。**加里·贝克尔**等经济学家会说，我们可以把付钱排到队伍前面去当作一种商品，这与购买商务舱机票没什么不同。如果减少等待时间的预期收益大于支付的边际成本，那么这是一个理想的交易。此外，当人们具有购买商品的自由时，更短的排队时间只是价格理论（价格是由供给和需求的相互作用所决定的）的另一种应用。

花钱请人替你排队

迈克尔·桑德尔写道，人们排着长队等待美国国会听证会。越来越多想去参加听证会的人，甚至支付每小时36—60美元的报酬让别人替他们排队。这是一种能增加经济福利的交易方式。你节省了时间，有人得到了工作（通常他们每小时只能挣10—15美元），没有人会因此而遭受损失。毕竟，**亚当·斯密**鼓励在一个经济体中进行劳动分工（让工人在生产过程中得到专门的工作）。一个脑外科医生为什么要花3个小时在排队上？而一个无家可归的人却可以因此得到一份有报酬的工作，一份不用专业技能、只要为别人站在那里的工作。

尽管为避免排队而付钱在经济层面能说得通，但桑德尔担心，花钱插队去见一位当选代表，可能会被视为创造了一种双重民主，即如果能付得起钱，你就能在民主制度中获得优先发言权。收入较低的人失去了游说国会的机会。对休闲娱乐等无关紧要的商品来说，花钱插队或许是可以接受的，但民主应该对那些出得起钱的人更加开放吗？

经济学理论

根据边际效用理论，如果消费者为了获得更快的服务而支付额外费用，那么插队就是理性且有效的。

一个很常见的关于插队的例子，是在游乐园里买高级票以排在队伍的最前面。这对一些人来说无疑是有好处的：游乐园增加了他们的收入，而那些付得起钱的人可以缩短等待时间。但工商管理专业的弗利克斯·奥伯霍尔泽-吉教授警告说，在那些已经排队半小时且因付不起插队费用而又要排更久队的人前面插队，可能会引起他们的不满。你的等待时间变短了，但这是有代价的：有人的等待时间变长了。桑德尔和吉教授会问我们对此是否感到舒服。如果我们感到插队不好，我们就必须把这种内疚感纳入我们的理性决策过程中。（另一方面，你也可能会从插队到别人前面这一行为中得到很大的乐趣！）

如果允许付费插队，怎么让每个人都能从中受益呢？

如果你像作家史蒂芬·都伯纳一样，支持付费插队的原则，你或许希望指出这种方法的另一个优点。如果有人花钱插队，那么排队的每个人都会受益。实际上，付费插队是一种价格歧视，公司找到了一种方法让更富有的顾客付出更高的价格却只是用于购买类似品质的商品。廉价航空公司的优先登机权创造了更高的收入，这反过来又使其他所有人能享受更低的票价。尽管购买了优先登机权的人不会比普通乘客更快到达目的地，但他们为降低其他乘客的票价做出了贡献。换句话说，不要感到内疚，你是在为别人获得更低的票价而提供资助。

大多数人可能并不反感优先登机权，但若涉及医疗呢？我们应该花钱插队抢在别人前面得到治疗吗？以肾脏移植为例，考虑到肾脏捐赠者的短缺，在这个特定的市场上，把效用理论置于道德之上是正确的吗？美国经济学家、诺贝尔经济学奖得主**阿尔文·罗斯**（Alvin Roth，1951—　）称，这是一种令人反感的交易，你可能会喜欢这样做，但在他人看来这在道德上是错误的。无论我们对这一问题的道德态度如何，为捐献的肾脏付费将增加肾源的供应，使我们能够插队，并且提供肾脏的人也将获得金钱补偿。罗斯承认，这把经济学原理带入了道德的灰色地带，但如果你的孩子即将死于肾衰竭，你愿意花多少钱插队？

加拿大精神病学家劳埃德·梅鲍姆提出，如果富人想要插队接受医疗手术，应该让他们支付相当于五倍社会成本的费用。这样一来，他们可以在更快地获得手术机会的同时，也为正在排队的人筹集资金。实际上，这变成了一种“罗宾汉税”（拿富人的钱来帮助穷

> “先到先得”的排队原则具有平等主义的吸引力。它让我们忽视特权、权力和雄厚的财力——至少在某些目的上是如此。
>
> ——迈克尔·桑德尔

人）。我们可能不喜欢富人插队，但如果这能够为医疗卫生带来更多资源，并为他人带来更及时的治疗呢？

排队的乐趣

大多数经济学家将排队的必要性视为一种低效的资源配置。然而，行为经济学家阿耶莱·费斯巴赫对这种观点提出了质疑。他认为排队的内在价值在于，鼓励消费者重视自我控制、耐心和对长期目标的追求。与其把排队看成一种无论如何都要避免的“净福利损失”（花费的钱大于获得的效用，导致资源的低效配置），我们可以把它看作公民社会的一部分：耐心地排队，偶尔和陌生人聊天，经历一种共同的社会体验，这些或许会比试图花钱插队更有价值。这是一种效用最大化策略（一种寻找能给你带来最大个人满足感的策略）。

如果你花钱插队，会发生什么?

吉教授在自助餐厅做了个实验。如其所料，提供的钱越多，人们越有可能允许插队。然而，如果事先就已经允许了某人的插队行为，人们很少会在事后接受插队者的金钱感谢。吉教授认为插队不是一种正常的交易，而是类似礼物交换，人们允许插队是因为意识到了插队者的窘迫。他指出的另一件事是，人们不允许同一个人以任何价格重复插队。他认为，人们在插队中看到了某种道德，这种道德不像交易一样可以买卖。换句话说，有些插队行为或许会被接受，但要小心，不要在当地酒吧乱花钱插队——你可能会被打。

破坏公民美德

迈克尔·桑德尔担心，如果付钱插队变得普遍，可能会微妙地改变社会规范。在英国或加拿大这样的国家，排队被认为具有积极的社会价值（甚至在英国公民身份测试中也提到过）。但如果插队市场被广泛接受，它将会导致何种结果?如果我付了优先上车的钱，我为什么要站在公交候车队伍的后面呢?这样的社会可能会让最贫穷的人不得不在交通堵塞和排队上花费更长的时间。物质上的不平等是一回事，但总是排在队伍的最后可能会产生更强烈的负面情绪。

抉择时刻

如果你把节省的时间看得比成本更重要，加里·贝克尔等经济学家会认为，这是对金钱的有效利用。但你也可能同意桑德尔和吉教授的观点，在有些地方排队可能更好，因为这可以让你享受到促进了公民美德的感觉。

该为慈善事业捐多少钱?

拉姆齐 ‖ 萨克斯 ‖ 迪扬科夫 ‖ 鲍尔 ‖ 巴格瓦蒂 ‖ 兰兹伯格 ‖ 安德雷奥尼 ‖ 贝克尔 ‖ 凯恩斯

经济学经常被看作一门促进理性利己主义的学科，那么它能对利他性赠予的概念提供一些见解吗？是不是纯粹的利他主义，或者说这一切，甚至是慈善，归根结底都是为了最大化我们自己的利益？

1928年，英国经济学家、数学家和哲学家**弗兰克·P. 拉姆齐**（Frank P. Ramsey，1903—1930）首次提出了完美利他主义（perfect altruism）的概念。这意味着，如果我们觉得一个项目确实需要我们的钱，我们就应该把钱捐给慈善机构。例如，如果存在供应洁净的水的需求，我们就应该提供资金，因为我们重视为社会提供公共产品。我们如果是真正的利他主义者，就不会总想着搭便车（参见第75页），等着他人去做慈善。

杰弗里·萨克斯（Jeffrey Sachs，1954—　）是一位美国发展经济学家，他认为提高慈善捐款的比例对于消除发展中国家的贫困至关重要。萨克斯说，在撒哈拉以南的非洲，许多国家缺乏基础资源和资本，甚至无法达到经济发展的底线水平。他声称，援助可以发挥关键作用，来帮助最贫穷的国家打破贫穷的循环，并为其经济走向自我可持续发展铺平道路。萨克斯呼吁发达国家的人民和政府增加对非洲慈善项目的捐款。举个简单的例子，分发经过杀虫剂处理的蚊帐可以帮助非洲减少120亿美元的疟疾成本。慈善是增加全球净福利的有力途径。

援助的诅咒

然而，并不是所有的经济学家都对援助抱有同样的热情，他们提出了一个名为“援助诅咒”的概念。保加利亚前副总理兼财政部长、经济学家**西米恩·迪扬科夫**（Simeon Djankov，1970— ）认为，慷慨的外国援助可能会导致治理不善、制度受损，以及非生产性的寻租行为。例如，1985—1989年间，在布基纳法索，援助占政府预算的三分之二。如此大的比例可能导致政府过于依赖援助，并不愿征收足够的税收以实现自给自足。迪扬科夫认为，外国援助实际上会破坏民主，因为腐败的政客们试图控制和管理援助资金。**彼得·鲍尔**（Peter Bauer，1915—2002）也提出了类似的观点。鲍尔是著名的匈牙利裔英国经济学家，他因反对受政府控制的对发展中经济体的外援而闻名。

印度裔美国经济学家**贾格迪什·巴格瓦蒂**（Jagdish Bhagwati，1934— ）也对援助持怀疑态度。他指出，增加慈善援助可能会导致私营部门储蓄下降。换句话说，当受援国习惯了接受外国援助后，其增加国内储蓄的动机就会减弱。事实上，援助会产生道德风险问题（那些采取更冒险行动的人知道他们会得到某种保护）：如果你储蓄得更少，你就有资格获得更多的援助和慈善，这变相鼓励了人们减少储蓄。

（对外援助）是将资金从富国的穷人转移到穷国的富人身上的一种极好的方法。

——彼得·鲍尔

巴格瓦蒂认为，经济发展的关键是促进自由贸易。例如，他指出，现代史上最大的消除贫困行动发生在中国和印度。在这些国家，帮助数百万人摆脱贫困的是经济改革，而不是外国援助。他认为，购买贫困国家的商品可能与捐赠财物一样有效。

经济学理论

我们捐款给慈善机构，是为了更好地提供市场没有提供的公共产品。

无论你是支持向非洲提供援助还是支持癌症研究，**史蒂文·兰兹伯格**都认为，你应该选择一项最好的慈善，然后把所有的钱都捐给那一项事业。他声称，你如果认为某一项慈善是最好的，那么就没有必要把你的捐款再投入某项次好的慈善中去。假设你觉得世界上最大的问题是饥饿，那么在极端贫困问题得到解决之前，只向“国际关怀组织”（Care International）这样的慈善机构捐款是合乎逻辑的。他认为，你无论付出多少，都不会大幅度减少饥饿问题，但你仍然会帮助到某些个人，所以你应该继续尽你所能地给予。

付出的快乐

在这一点上，你可能会认为，只有经济学家才能提出这样一个反直觉的想法。但是，如果你本能地不喜欢兰兹伯格的建议，

> 你如果只关心接受者（而不是关心你获得了多少荣誉），那么你应该把所有的捐款都集中在一项慈善事业上。
>
> ——史蒂文·兰兹伯格

表面上的慈善行为也可能是出于避免他人嘲笑或获得社会赞誉的欲望。

——加里·贝克尔

美国经济学家**詹姆斯·安德雷奥尼**（James Andreoni，1959— ）提出了一个更细致入微的观点，来解释我们为什么要为慈善事业捐款。他认为，我们捐赠的原因很复杂，但有一个重要的因素，是我们从捐赠中获得了个人满足感或温暖情谊。我们捐款不仅仅是为了确保马拉维有干净的水，也是因为我们从实际的捐赠行为中得到了满足。从这个意义上说，我们如果捐一千美元给一项慈善，我们就获得一份满足感。我们如果捐一百美元给十项慈善，我们就能获得十份满足感，而且也不用费心去研究哪个是最好的项目。

加里·贝克尔的说法略有不同。他认为，我们的慈善行为可能是出于获得社会赞誉或避免社会嘲笑的欲望，因此慈善基金会

慈善的双重收益

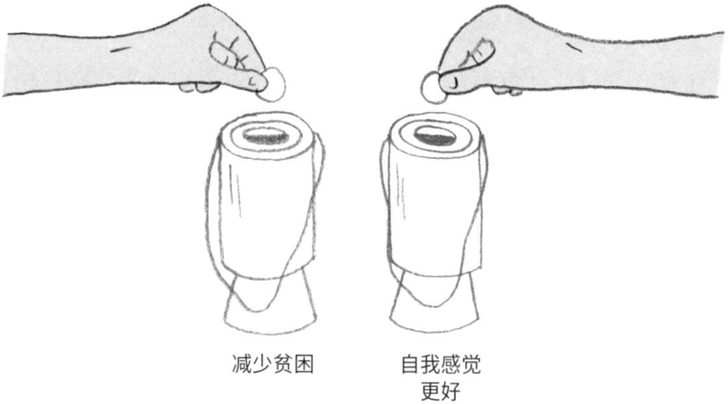

经常公布捐赠者名单。有证据表明，当周围有人注意到我们的付出时，我们会捐给慈善机构更多的钱。

克雷格·兰德里等人的一项研究发现，如果是一位迷人的女性在为慈善机构募捐，那么相关慈善捐款会增加50%—135%。从纯粹的利他主义模型来看，向任何请求帮助的人都提供少量捐款是不理性的，尤其是对那些我们可能不太了解的慈善项目。然而，如果我们的给予被认可，并且我们能从中得到满足，那么从理性选择理论（参见第17页）的角度来看，这种被欣赏的乐趣也是模型的重要组成部分。不管我们是否关心慈善事业，给同事捐五美元作为他的自行车赞助费或许是合理的，这对于表现出慷慨和善良来说只是一个小小的代价。

兰德里等人的另一项研究发现，为慈善机构筹集资金最成功的方式是出售彩票。对于社会学家马塞尔·毛乌斯来说，这完全是意料之中的事，因为他认为这种“礼物交换”是社会固有的一部分。换句话说，我们喜欢向能够得到一些回报的慈善机构捐款，无论是像丝带、贴纸这样的小东西，还是像中奖这样的暴富机会。加里·贝克尔会说，出于这些原因进行捐赠并没有错：慈善机构得到资金，而你也会获得美好的感受。

我们到底应不应该为慈善捐款？

如果你根本不想做慈善怎么办？有什么自我辩解的办法吗？史蒂文·兰兹伯格提出了一个发人深省的观点：守财奴会在不知不觉中等同于非常慷慨。兰兹伯格的论点是，如果一个守财奴有能力耗尽地球的资源，但他选择不这样做，那么这意味着其他人将拥有更多的资源。它的逻辑如下，如果你赚了一美元却不花，世界会变得更好，因为你为生产做出了贡献，并且你还没有消费。兰兹伯格认为，慈善事业只服务于少数人，而守财奴却把他的慷慨撒得又远又广。

约翰·梅纳德·凯恩斯肯定不会同意这种违反直觉的观点。他认为，囤积财富可能导致储蓄固化而得不到使用，从而导致增长率降低和资源浪费。如果明天我们都变成守财奴，生活水平就会直线下降。同时，吝啬也无助于克服公共产品供给不足的市场问题。

抉择时刻

如果我们重视纯粹的利他主义，我们可能会以兰兹伯格为榜样，把我们的所有钱都捐给一个我们认为将在社会福利方面做出最大改善的慈善事业。然而，你可能会同意安德雷奥尼的观点，慈善事业之所以吸引人，部分原因是你在为一项有价值的事业捐款后，会感到温暖且满足。这种不纯的利他主义实际上有双重利益：慈善会因此受益，而我们也能从给予行为中获得情感效用。

逢年过节该送礼物还是直接送钱？

马歇尔 ‖ 沃德福格尔 ‖ 舒马赫 ‖ 弗里德曼 ‖ 塞勒 ‖ 伯恩

购买圣诞节礼物确实很有压力，因为它既昂贵又难以选择。不过，能帮上你的东西可能就近在咫尺。根据一种经济学思维，在圣诞节买礼物是一种低效的资源配置。理论上讲，更好的选择是只送现金，并省去一切烦琐环节。这种思维方式会流行吗？

早在19世纪，**阿尔弗雷德·马歇尔**就概述了边际效用和边际成本的原理。该理论指出，假设消费者是完全理性的且掌握了全部的信息，他们应该购买满意度大于或等于边际成本的商品。这种主流的效用最大化经济学理论的问题在于，在圣诞节，我们不得不选择那些效率低下和市场反馈糟糕的方案，因为礼物的效用远远低于成本。

不被欣赏的礼物

据《吝啬鬼基因学》（*Scroogenomics*）一书的作者、美国经济学家**乔尔·沃德福格尔**（Joel Waldfogel，1962— ）对学生的调查所示，他们对圣诞礼物的估价比实际价格低33%。因此，赠送礼物的做法导致了所谓“净福利损失”（参见第85页）。例如，如

> 送礼的一个重要特点是，消费的选择不是由最终消费者做出的。
>
> ——乔尔·沃德福格尔

果礼物标价为15美元，那么我们会觉得它的价值是10美元。沃德福格尔称，这意味着，在2012年美国的假日季上，礼物带来的净福利损失总额为40亿到130亿美元。此外，像经济学家和统计学家**E. F. 舒马赫**（E. F. Schumacher，1911—1977）等环保主义者，可能会认为这些不受欢迎的圣诞礼物还带来了占用更多资源和制造更多污染的环境成本。

但是，圣诞节礼物的净福利损失意味着什么呢？沃德福格尔在研究送礼行为时指出，购买者和接受者之间存在信息不对称。这意味着当简阿姨准备给我们买圣诞节礼物时，对于我们想要什么，她并不了解。因此，她做了个猜测，而我们最终得到了一件鲜红色的毛衣。这花了她20美元，但对我们几乎没有效用。事实上，它甚至可能是负效用，因为我们不得不假装很高兴收到它，然后出于义务，把它放在抽屉里好几年，而这给我们带来了不必要的存储成本。**米尔顿·弗里德曼**在《花钱的四种方式》一书中对购买礼物的低效率也得出了类似的结论。

你可以把自己的钱花在自己身上。当你这样做的时候，是因为你真的想要什么才去做什么，你要试着用你的钱得到最大的回报。而当你打算把自己的钱花在别人身上时，例如，当我打算给某人买生日礼物时，好吧，其实我并不怎么在意礼物的内容，但非常在意其成本。

——米尔顿·弗里德曼和罗斯·弗里德曼

圣诞现金和电子表格

根据沃德福格尔和弗里德曼的观点，对简阿姨来说，更有效的交易方式是直接给我们20美元现金或礼券，这样我们就可以自己决定如何消费。事实上，如果我们把这个想法归纳为逻辑结论，比起直接用掉这20美元的礼券，我们还可以做个电子表格来统计每个人都准备送多少礼物以将其效用最大化。

奥斯卡·王尔德有句名言：犬儒主义者（或许是经济学家）就是那些“知道所有东西的价格，却不知道其价值”的人。事实上，如果我们想成为犬儒主义者，我们可以做一个假设：那些想废除圣诞节的人都是吝啬鬼和主流经济理论家。

送礼物的意义

当经济学理论似乎要挑战常识时，考虑一些相关主题之外的东西会对我们有所帮助。例如，散文家刘易斯·海德在《礼物：创新精神如何改变世界》（*The Gift: How the Creative Spirit Transforms the World*，1983）一书中，就提出了与整个经济学基础相反的观点。他认为，赠予的意义不是创造一个有效的市场解决方案，而是打破平衡，让各方变得不平等。

人类学家和社会学家马塞尔·莫斯在《礼物：古代社会交换的形式和功能》（*The Gift: Forms and Functions of Exchange in Archaic Societies*）一书中指出，许多相互赠送礼物的例子都证明其对于建立社会纽带、信任和社区非常重要，尽管从严格的经济角度来看，这种做法效率低下。赠送礼物在双方之间创造了一种新的信任、承诺和义务关系。然而，一些经济学家认为，我们不

需要人类学家来为圣诞节的可取性辩护。他们声称，莫斯的分析仅仅显示了边际效用理论的局限性或误用。

快乐的理由

理查德·塞勒提出了获得效用和交易效用的概念。获得效用是我们从使用特定对象中得到的效用。假设你送给妈妈的圣诞礼物是一个新的吸尘器，这会有很高的获得效用，因为吸尘器可以帮妈妈打扫房子。如果你送给她一件装饰品，那么，获得效用就不那么明显了，但其仍具有情感价值，因为是你送给妈妈的，她能从中获得一种情感上的满足。可见，生活远不止获得效用而已。

根据塞勒的观点，另一个因素是交易效用，即我们从购买或接收商品的行为中获得的满足感。例如，如果我们得到25%的折扣，这就给了我们交易效用，因为我们喜欢便宜的东西。同样，我们如果从在意的人那里收到礼物，因为喜欢送礼物的人，所以也可以从中得到交易效用。

在某种程度上，这与传统的效用理论并不矛盾，而仅仅是对什么是效用的更广泛理解。

经济学家迭戈·苏卢阿加认为，赠送礼物的另一个要素是信号的概念。购买和包装礼物是表达我们在乎的信号。我们也许不好意思对我们的母亲说“我爱你”，但我们不会介意买一些昂贵的香水，把其包装起来送给她。当然，她可能不会使用我们买的香水，但她仍然会为我们做出的努力而感到高兴。正如那句老话所说，重要的是心意。我们的母亲真的更喜欢20美元现金吗？

意料之外的好处

送礼的另一个特点是正外部性（对他人的好处）。当简阿姨送给我们那件鲜红色的毛衣时，我们的妹妹从看我们拆礼物的过程中也能得到乐趣。妹妹知道我们不喜欢这件礼物，所以她很享受看我们假装喜欢它。因此，即使我们个人得到的效用很低，我们

阿姨送你的礼物	交易效用	获得效用	正外部性
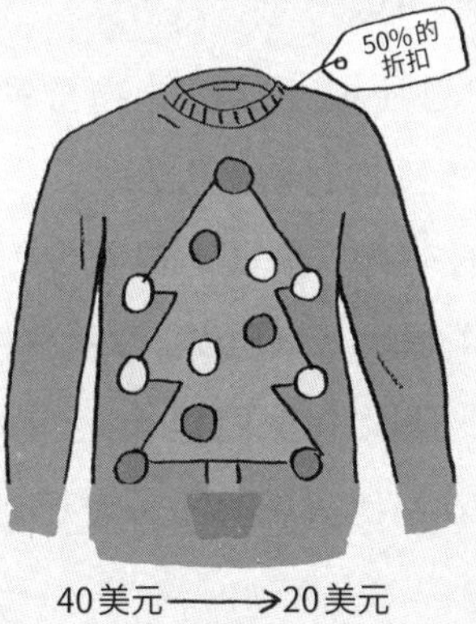	+ 阿姨得到折扣	+ 毛衣很暖和	+ 阿姨喜欢送礼
	+ 你关心阿姨	− 你不愿穿	+ 妹妹享受你假装喜欢它的样子
		− 你不得不存放起来	+ 家庭成员享受分享礼物的温暖

> 大多数人都不是吝啬鬼。我们喜欢在圣诞节前后把钱花在漂亮的东西上。但是我们也喜欢抱怨和嘲笑其他做同样事情的人。为什么？
>
> ——克里斯蒂安·尼米兹

家庭的其他成员仍能分享打开礼物的乐趣。

拆礼物肯定比研究圣诞电子表格或现金礼券更有趣。此外，经济学家克里斯蒂安·尼米兹认为，收到礼物的“惊喜因素”具有相当大的效用——对于那些越是什么都不缺的人来说，惊喜因素往往越高。

经济事务研究所（英国智库）的**瑞安·伯恩**（Ryan Bourne，1987— ）指出，沃德福格尔忽略了计算送礼人的效用。可以假定人们从给予中得到的快乐和从接受中得到的快乐一样多。即使我们不喜欢简阿姨的圣诞节礼物，她可能也从逛街、购物和赠送中得到了快乐，甚至比我个人的净福利损失还要多。

经济学理论

由于信息不对称，给亲戚们现金作为圣诞节礼物更有效率。这避免了不必要的礼物带来的净福利损失。

伯恩还说，虽然礼物常常让人失望，但我们偶尔也会收到一份充满惊喜的礼物。因此，收礼物就像买彩票一样好玩：一开始，我们的期望值很低，但偶尔我们也会运气爆棚，收到一份效用比我们自己买时还要高的礼物。

最后，伯恩指出，送礼并不是一个

非黑即白的问题，或许有一些方法可以改善送礼过程，比如给大家庭的所有人进行现金转账，或者给亲密的家庭成员列出愿望清单。这样一来，我们既可以得到送礼的乐趣，也可以得到收礼的乐趣，而你也不必再为给侄女买一件合适的礼物操心了。

抉择时刻

如果你的抽屉里有很多令人尴尬的圣诞毛衣，你可能会同意弗里德曼和沃德福格尔的观点，那就是现金会让你过得更好。不过，你也可能会站在伯恩和苏卢阿加一边，他们认为圣诞节礼物能给你一种现金效用永远无法带来的快乐。

是否该优先购买国货？

斯密 ‖ 哈耶克 ‖ 罗伯茨 ‖ 兰兹伯格 ‖ 舒马赫 ‖ 沃斯托尔

政府和地方企业经常鼓励我们购买符合我们国家和地区认同感的地方产品。这种逻辑似乎是常识，但幸运或不幸的是，经济学家有令人信服的论据，证明从世界另一端进口西红柿确实是有效的资源配置。

2017年，时任美国总统的唐纳德·特朗普签署了“购买美国货，雇用美国人”的命令。他声称，购买国内商品有助于保护国内就业，减少贸易逆差，提高生活水平。他说的有道理吗？当你的邻居可以在路边种土豆时，从世界各地进口土豆又有什么意义呢？

利己主义并没有那么糟糕

亚当·斯密是自由贸易（不受关税或配额等限制的国际贸易）的狂热支持者，他早在18世纪就警告过依赖国内生产商的危险。他反对国内产业的“利益诡辩”，这种“利益诡辩”会鼓励消费者为劣质的商品支付更高的价格。根据亚当·斯密的观点，如果一个消费者认为只购买国货对他的国家有利，那他就错了。

> 如果其他国家能为我们提供一种比我们自己生产的更便宜的商品，我们最好将本国工业产能的一部分，转换为去国外购买。
>
> ——亚当·斯密

假设我们有两种商品：澳大利亚生产的汽车和日本进口的廉价汽车。优秀的澳大利亚人可能觉得他们应该偏爱本国同胞生产的汽车，但他们出于爱国主义的消费也会给本地经济增加成本。他们将把工资的大部分都花在国内生产的昂贵商品上，因而也就减少了在国内生产的有更高性价比的其他商品上的支出。

澳大利亚的汽车制造商可能会从中受益，但效率更高的澳大利亚啤酒制造商将会蒙受损失，因为澳大利亚的消费者把钱都浪费在了昂贵的汽车上。优先购买国货最终可能会导致消费者从效率更高的生产商转向效率更低的生产商。

对于那些仍不相信这一点的人，经济学家**弗里德里希·哈耶克**劝告道：我们可以自由地追求自身利益，而不是被“爱国”所绑架。

有用的连锁效应

然而，并非所有人都认为，利用全球贸易购买最便宜的进口产品是最佳解决方案。社区经济学专家迈克尔·舒曼认为，除了全球寻找廉价进口商品，还有另一种选择。他称之为本地产品替代进口品（Local Ownership Import Substituting，简称LOIS）。他声称，如果人们购买本地产品，由于本地供应链的连锁反应，更多的财富将被留在同一个社区内。

同样，英国智库新经济基金会的研究员大卫·博伊尔发现，通过乘数效应，购买本地产品有助于将更多的资金留在本地经济体系中。如果你从你的农民邻居那里购买农产品，他就可以在你的社区餐馆里消费更多的钱，这等于是把更多的财富都留在了当地经济体系中。

> 当我的钱在当地获得的价值比在其他地方更低的时候，不要假装它创造了财富。
>
> ——罗斯·罗伯茨

“买本地货”谬论

其他经济学家则认为这是一种谬论。经济学家**罗斯·罗伯茨**（Russ Roberts，1954—　）认为，如果我们偏爱价格更高的本地生产商，我们就会削弱竞争、限制资源、限制专业化带来的收益、鼓励效率低下的生产商，而且还无法增加财富。他声称，我们可能会觉得这是一件善事，但我们当地的社区并不会从中受益。

罗伯茨还问道，我们何时才会停止？我们可能会先选择国内产品，再转向我们居住的城市的产品，然后只在我们的小区内购买产品，这是否意味着我们最终应该只从朋友和家人那里购买产品？如果我们按照这一论点的逻辑去实践，我们或许可以自给自足，并把钱留在社区里，但我们也会非常贫穷。正如经济学家弗里茨·马克卢普所言：“贸易保护主义措施的逻辑后果，就是左手的钱不应该买右手的东西。”

经济学理论

自由贸易理论认为，购买最便宜的商品是最有效的，即使这些商品是从世界各地进口的。

许多购买本地货的活动都聚焦在食物上。但是**史蒂文·兰兹伯格**对这种“土食者”（购买本土食物者）运动持批评态度。他认为，如果从西班牙进口西红柿更便宜，那么这比从当地生产我的建议是：如果你有勇气这么做，在金钱问题上不要爱国。把钱花在对你最有用的地方。

——弗里德里希·哈耶克

商那里购买西红柿要好。对兰兹伯格来说，市场价格是社会成本的最佳指标。例如，在挪威种植西红柿可能需要额外的电热和光，所以在这种情况下，从阳光充足的西班牙进口西红柿会更有效率（且污染更少）。

从大局看

一些人批评兰兹伯格低估了进口食品的外部成本。1992年，食品政策顾问蒂姆·兰创造了食品里程（food miles）一词，用来描述食品从生产者到消费者的运输距离。问题在于，高食品里程（尤其是通过飞机运输的食品）会导致更多二氧化碳排放，并带来严重的环境成本，比如污染和全球变暖。蒂姆·兰认为，这些外部成本使得购买当地生产的食品成为增加经济福利和降低环境成本的一种合理方式。

从更哲学的角度来看，《小即是美》（*Small is Beautiful*）一书的作者、经济学家**E. F. 舒马赫**认为，传统经济学基于一个错误的目标，即持续的经济增长、更高的效率，以

及“大即是好”。舒马赫的观点则完全不同，他认为经济学应该强调地方社区和可持续的实践，而不是经济增长最大化的美好愿景。在其经济学模型中，即使不能使GDP（国内生产总值，即一个国家或地区的所有常住单位在一定时期内的总生产成果）最大化，购买当地产品也是可取的。

当关键时刻来临时

然而，从更实际的角度来看，英国智库亚当·斯密研究所的**蒂姆·沃斯托尔**（Tim Worstall，1963— ）指出，尽管人们可能会说他们更喜欢国货，但是不是真的喜欢往往还要取决于他们的行为。爱国主义购物听起来很有吸引力，但当我们去超市时，我们还是会挑最便宜的，或许正如沃斯托尔所说，“金钱比经济爱国主义更有说服力”。

此外，偏袒国内生产商的一个问题是，如果按照其逻辑后果发展，这样做将严重限制选择。在时令季节购买当地草莓似乎很有吸引力，但如果你住在阿拉斯加或蒙古，只购买当地食物的想法就会变得越来越没有吸引力。皮埃尔·德斯罗彻斯和清水宏子在《土食者的困境：赞美10 000英里的饮食》（*The Locavore's Dilemma: In Praise of the 10 000-mile Diet*）一书中写道：“如果现代的美国激进分子坚持对本地食物的一贯观念，那么真正由美国农业生产的食物将仅限于火鸡、一些

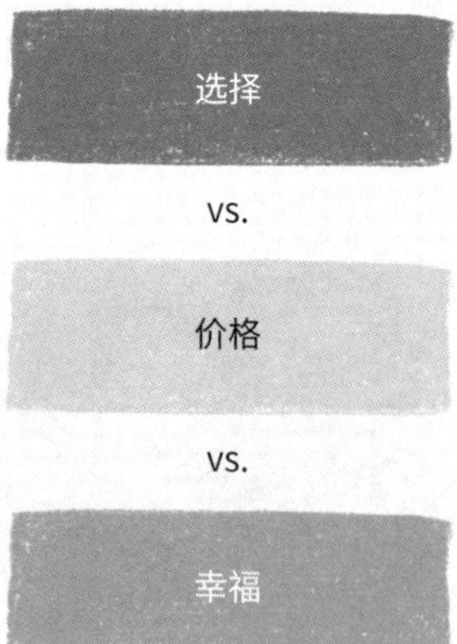

本地养殖的鱼类和贝类，以及向日葵、蓝莓、蔓越莓、菊芋和某些品种的南瓜。”

针对这一点，你可能会在私底下觉得，谁会在意经济学家对自由贸易和全球化效率的看法呢？我想支持当地的农民，我也将从中得到快乐。在这种情况下，你可以简单地求助于大卫·李嘉图和威廉·斯坦利·杰文斯的边际效用理论。如果你从当地生产商那里购买商品并获得了快乐和满足，那么这是一个合理的经济逻辑。在你的社区中，你所感知到的效用不应该被忽视。在2017年的文章《“购买国货”的福利经济学》（*The Welfare Economics of “Buy Local”*）中，杰森·温弗里和菲利普·沃森提出，如果消费者认为购买当地产品具有显著的正外部性，那么购买当地产品就可以增加净经济福利（社会获得的效用大于成本，即使价格更高）。

如果要在从地球另一端进口食物和从路边的农民那里购买食物之间做出选择，有一个很好的例子能证明在当地购买更好。然而，我们会把这种方法发挥到极致，甚至以自给自足为目标吗？如果我们这样做了，我们将不得不接受更少的选择和更低的生活水平。

抉择时刻

实际上，我们都在利用自由贸易市场，从世界各地购买食物和商品，就像亚当·斯密所鼓励的那样。然而，我们尽管会从国外购买进口产品，但也可能更偏爱一种折中方案，即我们也会努力购买我们认为可行的本地产品。

购物时如何买到划算的东西？

哈福德 ‖ 弗兰克 ‖ 塞勒 ‖ 桑斯坦 ‖ 史密斯 ‖ 艾瑞里 ‖ 卡尼曼

当我们去购物的时候，我们怎么知道这是不是一笔划算的交易，还是我们只是输给了聪明的营销策略？行为经济学提供了针对消费者心理，以及企业如何从毫无戒心的消费者身上榨取利润的洞见。有了这些知识，我们就能了解自己的购物习惯，并学会如何实现更明智的交易。

价格歧视是商家试图让我们付更多钱的一种方式。英国经济学家兼记者**蒂姆·哈福德**（Tim Harford，1973—　）将其称为“选择适当的价格目标”，即为那些愿意并有能力支付的客户设定更高的价格。从某种程度上说，我们无法避免这种情况。如果我们需要在高峰时间乘高铁去上班，我们别无选择，只能支付更高的票价。然而，即使是在当地的超市购物也可能涉及我们没有注意到的价格歧视。

哈福德指出，按重量计算的话，超市出售的已经包装好的蔬菜比散装蔬菜贵很多。在某种程度上，这可以解释为成本的差异，但主要原因仍是超市利用了一个事实，即一些顾客对价格并不那

> 如果你想买东西，不要试图发现非常便宜的商店，而要试图去买便宜的东西。一次昂贵的购物经历一定是在挑选那些高标价商品时未加用心的结果。
>
> ——蒂姆·哈福德

么敏感，为了方便而购买包装好的蔬菜，结果忽略了价格。愿意花点时间自己挑选蔬菜的消费者可以从较低的价格中获益。哈福德给我们上的重要一课是，去哪家超市并不重要，重要的是你如何购物。超市最擅长提供某些超值商品和其他经过大幅涨价的商品，而且这些昂贵的商品通常放在你最方便拿到的地方。

企业经常诱导我们选择那些我们并不真正需要的超大商品

另一个建议是，有时那些性价比很高的产品几乎都被隐藏了起来。**罗伯特·H. 弗兰克**在他2007年出版的《牛奶可乐经济学》（*The Economic Naturalist*）一书中指出，在一家受欢迎的咖啡连锁店里，最便宜的卡布奇诺咖啡是小杯卡布奇诺，但它并不在主菜单上。你只有在成为熟客之后才会明白该如何点小杯卡布奇诺。重点是，咖啡店和快餐店都试图促使我们购买更大、更贵的规格。越大杯越有利可图，因为配料的边际成本非常低，而更高的价格是商家瞄准那些愿意花钱的消费者的一种方式。我们如果有足够的智慧，就完全可以拒绝向更大的规格靠拢，坚持我们喜欢的。

避免默认

默认选项对我们的决策有很大影响。**理查德·塞勒**和**凯斯·桑斯坦**最初是在研究健康问题时提出这一概念的。但希望让我们花更多钱的商家也利用了默认选项原则。这在电力供应或家庭保险等市场尤其明显。蒂姆·哈福德认为，消费者之所以会有选择厌恶，是因为担心更换供应商会带来成本和一定程度的不确定性。这种不确定性导致我们坚持使用默认选项（那些我们目前拥有的供应商），即使更改可能会显著减少我们的年度开销。商家利用这种客户惯性，经常向现有的长期客户收取更高的价格。相比之下，商家把最便宜的商品提供给新客户，也就是那些愿意换供应商且明显对价格更敏感的人。这给我们的教训是，默认选项可能是一个非常昂贵的“选择”。而通过查看网站进行价格比较，或每年寻找新的保险/能源供应商才能实现最大限度的节约。

不合理行为也可以是理性的吗?

行为经济学家指出，人们时常表现出许多看似非理性的行为，包括现状偏见（倾向于当前的事态）、选择厌恶和挑选熟悉的物品。然而，美国经济学家、诺贝尔经济学奖得主**弗农·L. 史密斯**（Vernon L. Smith，1927— ）认为，消费者虽然看上去似乎违反了理性行为法则，但实际上并非如此。换句话说，所有这些消费者的偏见都是有原因的。他指出，我们在购物时存在很多决策成本，即权衡信息、做出决策然后付诸行动的成本。考虑到购物的方方面面，我们没有根据实际成本和收益而做出完全合理的选择也就不足为奇了。如果我们每次购物都要考虑如何买到最划算的东西，这就变成了一项数学测试。在更贵的产品上多花点钱、少花点时间，可能也是个不错的选择。

换句话说，当我们去购物时，获得最优惠的价格只是众多参考因素之一。如果多花5分钟的时间去一家更远的超市，能让你的早餐面包仅便宜10%，你会在意吗？或者，如果你忘了换一家保险公司，可能会多花点钱，你在意吗？事实上，与其花几个小时处理所有的搜索和计算工作，你还不如坐在花园外面，好好享受一下没有压力的生活。有时候出于懒惰而不更换供应商，也是有其经济原因的。

小心特价优惠

行为经济学中一个非常有影响力的概念，就是由理查德·塞勒提出的获得效用和交易效用（参见第96页）。它解释了我们很容易受营销策略影响的原因。假如你去买床或床垫，当你刚踏进商店的门，你就可能会很容易地发现，当天正在打折！这种半价销售策略实现了两件事。首先，原价所呈现的高价是高质量的信号。正如**丹·艾瑞里**所指出的，我们常常把价格与质量联系在一起：我们对价格非常低的商品，以及昂贵但有价值的商品都是不信任的。其次，这笔买卖让我们觉得自己占到了便宜。我们的获得效用体现在拥有了一张床，又因为我们很少买床，不知道床的正常价格，也不知道这种打折几乎是永久性的，所以，交易效用体现在了我们感觉自己打败了体制，并且节省了50%的费用。

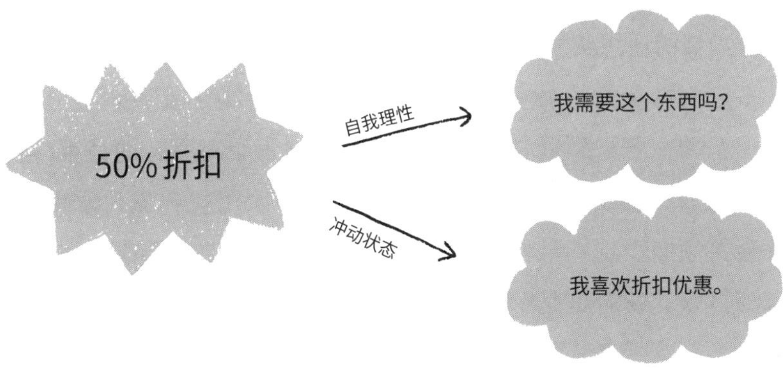

经济学理论

行为经济学表明，我们有许多认知偏见，比如默认选项、选择厌恶、心理核算和冲动本性，都会导致我们乱花钱。

问题是，购买打折商品的心理效应会鼓励我们买一些并不真正需要的东西。典型的做法就是买二送一，我们会因此无法合理评估食物是否物有所值，从而导致浪费。

人格分裂

丹尼尔·卡尼曼认为，在购物时，我们有两套决定方式。其中，一种决策系统是自动的、快速的、直观的，它会被冲动购物和“折扣”标志所吸引。另一种决策系统是认知的、深思熟虑的和受控的。经济学家道格拉斯·伯恩海姆和安东尼奥·兰格尔2004年的一项研究用更简单的术语解释了这一点。在“激情状态”下，我们会做出糟糕的、情绪化的决定，然后感到后悔（比如冲动地购买巧克力）。在“冷静状态”下，我们会给自己时间来权衡成本和收益，因而能做出理性的决定。这个理论告诉我们，不要饿着肚子去购物。在你投入3万美元购买第三辆跑车之前，先走开，过20分钟后再回来，看看你是否真的还想买。

与购物有关的另一个问题是心理核算（参见第39页）。理查德·塞勒在意识到钱是不可替代的，我们不会对所有的钱都一视同仁之后，提出了这个概念。我们如果必须用现金支付水电费，就会更倾向于选择最便宜的供应商。但是，用信用卡或电子银行自动付款意味着这是一个眼不见心不烦的事情。塞勒认为，使用信用卡消费要容易得多，是因为此类交易在心理上要好接受得多，而现金支付对我们的决策影响更大。如果我们倾向于过度消费，仅用现金支付可以有效起到缓冲的作用，因为我们的冲动有了足够的时间被我们深思熟虑的本性所缓和。

抉择时刻

如果我们发现自己对购买行为感到后悔，那么我们可以从行为经济学中学到很多东西；塞勒和艾瑞里的研究可能有助于理解为什么我们会陷入糟糕的决策中。然而，史密斯提醒我们不要太担心，有时候，如果能帮助我们尽快完成购物，做出“不完美”的决定会更好。

第三章：工作

应该上大学吗?

贝克尔 ‖ 瑟罗 ‖ 明瑟 ‖ 斯宾塞 ‖ 布迪厄 ‖ 弗里曼

近几十年来，我们看到世界各地的大学教育都在稳步扩张。但在这个全球化和学位泛滥的时代，如果大学学位意味着背负巨额助学贷款的负担，你真的会过得更好吗?

学位的好处

教育效益的标准经济模型是由**加里·贝克尔**倡导的人力资本理论构建的。该理论研究的是教育和培训如何能提高工人的人力资本，从而提高生产力。对学生来说，这种人力资本模型预测，更高的教育水平将带来更高报酬的工作。经验表明这是真的。根据美国教育部的数据，2014年本科毕业生的平均年薪为4.99万美元，比高中毕业生的平均年薪3万美元高出66%。考虑到存在这种工资上的差异，攻读大学学位就有了一个明显的经济动力。

此外，教育的预期不仅仅是提高生产力和工资。高等教育还有可能给学生带来非货币化收益，因为他们有更多的自由时间来更好地欣赏文化和民主。经济学教授佩德罗·卡内罗表示，这些益处可能包括“减少犯罪、提高育儿技能和改善健康状况”。大学学位不仅仅意味着能够参与一次有声望的管理培训计划。

计算成本

然而，在准备开始几年的学生生活以及相关的一切之前，我们有必要考虑一下等式的另一边，或者用经济学家的话说，教育的机会成本。这是经济学思维方式的一种固有概念。加里·贝克尔自己也意识到了教育的高机会成本，他说，75%的私人教育成本是由于在大学里待了三四年而失去的收入。

爱达荷州劳工部2013年的一项研究显示，四年本科学位的经济成本约为12.7万美元（顺便提一下，两年制贸易/职业学位的经济成本为3.3万美元）。但是，正如贝克尔所说，在这种财务成本之外，我们还需要加上教育的机会成本。

另一个值得注意的因素是，你如果没有学术头脑，但仍决定继续学习，这就有辍学的风险，可能会使你既没有学位，又失去收入。你的同学从上大学中受益，并不意味着你一定会。

在职培训

此外，贝克尔指出，在实践中，工作技能往往与正规教育水平无关。问题在于，四年的大学生涯意味着你在此期间得不到任何在职培训。根据美国政治经济学家**莱斯特·瑟罗**（Lester Thurow，1938—2016）的研究，大部分职场技能是通过在职培训

上大学的成本和收益

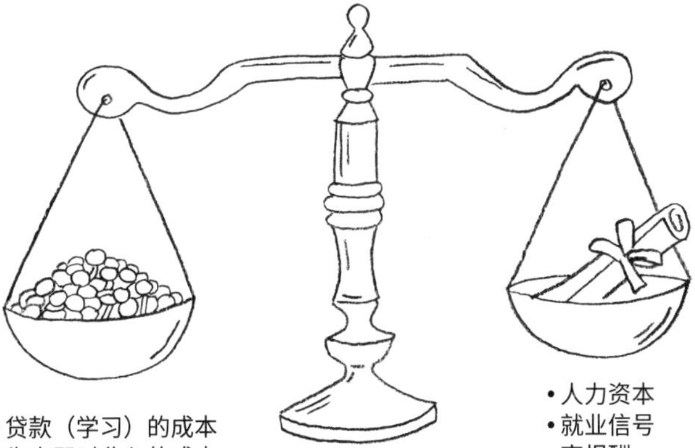

获得的，而不是通过正规教育。根据不同的工作类型，获得比较心理学学位并不是使你获得相关工作技能的最快方法。

然而，如果你打算在16岁就开始从事第一份快餐店工作，那么请你注意现代劳动经济学之父、波兰裔美国经济学家**雅各布·明瑟**（Jacob Mincer，1922—2006）的观点。他认为，较高的教育水平与较低的失业率之间存在明显的联系。造成这一现象的一个重要原因是，具有学历的工人更有可能接受在职培训。换句话说，公司认为投资培训那些有过教育成就记录的员工风险较小。经验似乎支持这一观点。2016年，美国失业率最高的是那些没有高中学历的人（7.4%）。对于那些拥有学士学位的人来说，失业率只有2.7%。

雇主读到的信号

迈克尔·斯宾塞向人力资本与教育的标准理论提出了挑战。他认为，与其说高等教育的主要作用是提高劳动生产率，不如说是提供了一个信号，表明一个花时间投资于教育的人是更有能力的工人。换句话说，你的经济学学位对你当人力资源经理并没有什么直接作用，但是你的潜在雇主会认为，你如果能花三到四年时间学习深奥的主流经济学模型，你或许可以在公司生存下来并学会你该学会的东西。当然，虽然这种信号对高等教育的社会效用很有影响，但从学生的角度来看，这并不重要。事实上，

> 在过去二十年里，人力资本变得更为重要。
>
> ——加里·贝克尔

经济需要大学学位，但仅有大学学位并不够，它们还需要一种综合能力。

莱斯特·瑟罗

经济学理论
人力资本理论认为，学历越高的员工获得的工作报酬越高。因此，从长远来看，教育的收益大于最初的成本。

这证明了为什么需要接受更多的教育：对潜在雇主来说，这是一个重要的信号。

这种信号理论受到**皮埃尔·布迪厄**等社会学家的挑战。布迪厄认为，人力资本不仅仅是教育水平，它还包括社会地位等无形因素。布迪厄指出，受过良好教育的人工资会更高的一个原因是，中产阶级通常能够获得最好的教育。如果这是真的，那就说明雇主关注的不一定是教育程度，而是更广泛的因素，比如学校、社会阶层、种族、性别、着装，甚至说话的口音。换句话说，如果你有良好的教养和社会自信，来自高等教育的信号可能就不那么必要了。

跳出固有思维模式

国际教育顾问肯尼斯·罗宾逊认为，正规教育推崇狭隘的学习重点，因而扼杀了创造力。罗宾逊尤其反对所谓放之四海而皆准的做法。高等教育对那些以学术为导向的人可能是有益的，但对艺术或创业型的人来说可能并不合适。当讨论高等教育的优点时，经常有人指出，一些伟大的企业家和商人是辍学生，包括托马斯·爱迪生、理查德·布兰森和比尔·盖茨。

我们知道凯恩斯从未获得过经济学学位。根据他的传记作者罗伯特·斯基德尔斯基的说法，“他接受的专业培训总共只有八周多一点。其余的都是在工作中学会的”。目前尚不清楚凯恩斯是否

> 教育是无能者向无知者灌输无法理解的东西。
>
> ——约翰·梅纳德·凯恩斯

真的对教育发表了上述评论，但或许正是由于没有正式的经济学学位，凯恩斯才得以跳出常规思考模式。

如果你有创业的动力和想象力，那么还有一个理由让你对接受高等教育保持谨慎。据费城联邦储备银行的拉里·科德尔说，高额的助学债务意味着毕业生很难投资于他们的小企业，因此大学教育和随之而来的助学债务对小企业的形成是一种拖累。如果你有创业精神，大学教育给你的机会可能会是损害而不是帮助。

在决定是否学习时，另一个需要考虑的问题是其他人在做什么。在1950年代，大学学位要比现在稀有得多，因此获得学位在薪酬上具有更大的稀缺性价值。但近年来，西方世界的毕业生人数有所增加。1970年代，**理查德·B. 弗里曼**（Richard B. Freeman，1943—　）出版了《过度教育的美国人》（*The Overeducated American*）一书，该书反映了那个年代，由于毕业生的供给增加，他们的工资溢价是如何下降的。换句话说，如果每个人都有学位，工资溢价就会下降。然而，弗里曼对毕业生的预测被证明过于悲观。许多研究人员也引用M. 蒙德斯·德·奥

利维拉等人的观点进行反驳："雇主往往会重视和奖励过度教育，同时惩罚教育不足。"

抉择时刻

正如贝克尔和斯宾塞所指出的那样，除了学习带来的所有非财务利益外，上大学还有很强的经济动机。然而，如果你不是特别一心向学，或者你急着要创业，那么上大学就并不是一个必选项。

如果升职意味着被迫加班，这是否值得？

门格尔‖弗雷‖韦伯‖凡勃伦‖弗里曼‖布希‖西托夫斯基‖凯恩斯‖弗里德曼‖马克思

升职通常会带来更高的薪水、更大的责任、更有挑战性（也可能更有趣）的工作。但是额外的收入与增加的压力对等吗？我们应该渴望攀登晋升的高峰，还是满足于目前的工作所带来的安稳感？

第一个问题是工资的重要性。主流经济学理论把高收入等同于高效用。有了更高的薪水，你将能够消费更多的商品和服务，比如更好的假期、一辆新车和更多的退休储蓄。从消费最大化的角度来看，晋升是有帮助的。

然而，经济学也告诫人们，不要想当然地认为收入越高，幸福感就越高。**卡尔·门格尔**提出的边际效用递减理论在过去一个世纪里被许多经济学家反复强调，正因为它是一个如此重要的概念。升职带来的每年额外收入真的能让我们更快乐吗？好吧，也许至少会有几个月的快乐时光，但额外收入的效用可能会迅速下降。

当快乐消失的时候

与收益递减相关的是享乐适应（hedonic relativism）概念。菲利普·布里克曼和唐纳德·坎贝尔在1971年指出，尽管短期事件可能影响我们的幸福感，但人类的总体幸福感往往会趋向于回归到相对稳定的水平。这种宿命论式哲学认为，如果我们的工资从7万美元增加到10万美元，我们可能会在头几个月里稍微快乐一点，但快乐的程度很快就会回落到长期平均水平（这又是一门沉闷的科学)。换句话说，一份能带来额外报酬的晋升可能会暂时提升员工的满意度，但不要指望这种情况会持续太久。

沉迷于晋升

晋升的另一个问题是，一旦我们晋升了，它可能会激发我们对持续进步的愿望。**布鲁诺·弗雷**研究过幸福经济学(参见第22页)，他发现，尽管额外收入的边际效用会迅速消散，但获得一次晋升后很快就会产生进一步晋升的欲望。我们习惯了升职带来的“快感”，但快乐并不在于一份更好的工作，而在于升职的过程。无论我们在职业道路上处于什么位置，总有比我们更好的，这让我们很不满意。一次晋升是不够的，所以我们想要不断晋升。

地位和自尊

社会学家对工作持有不同的观点，他们更强调非货币性因素在工作报酬中的作用。德国政治经济学家、社会学家**马克斯·韦伯**(Max Weber，1864—1920)提出了生活机会(life chances)的概念。韦伯认为，生活机会是由社会阶层、收入和职业地位决定的。晋升是一个增加收入的机会，但更重要的是，它提高了职业地位，甚至社会阶层。韦伯意识到，接受升职不仅意味着潜在的更高薪水，还意味着在职场和社会中获得更高的地位。

这与经济学家和社会学家**托斯丹·凡勃伦**(Thorstein Veblen，1857—1929)的观点类似。在其最著名的著作《有闲阶级论》(*The Theory of the Leisure Class*，1899)中，他讽刺了人们对于获得更高的社会地位以及能够在社会上向他人展示这一点的重视。在注意到社会地位的重要性(升职可能会带来这种重要性)的同时，他也对炫耀地位和财富的行为提出了批评。（凡勃伦以身作则：他似乎对升职不感兴趣，后来更是搬到了加州的一间棚屋，过着默默无闻的生活。）

> **经济学理论**
> 替代效应表明，薪水越高，工作越具吸引力。然而，收入效应表明，收入越高，我们就越想休闲。

然而，我们不必把凡勃伦尖刻的社会讽刺放在心上。寻求和接受晋升的意愿会以积极的方式影响我们的自尊。社会学家罗伯特·K. 默顿认为，如果一个人对就业前景普遍持负面看法（觉得自己注定要从事低薪、低地位的工作），这可能会成为一种自我强化的现实。相比之下，获得晋升，表现得好像我们希望在事业上有所进步，这可能会成为一种自我实现的预言。根据积极心理学的这一哲学理论，在寻求和接受晋升的过程中，我们获得了自我完善的感觉，这有助于使持续进步成为可能。

牺牲休闲和家庭时间

晋升的一个缺点是，更高的收入意味着需要花费更多的时间工作并承担更多的责任，这是一个两难的境地。如果减少了休闲和陪伴家庭的时间，更高的薪水是否值得？经济学家**理查德·B. 弗里曼**表示：“如今高收入人群面临的问题不是找到一份适度的工作，而是找到面临更多工作时减轻压力的方法。”

约翰·D. 欧文在1969年出版的《休闲的代价》（*The Price of Leisure*）一书中指出，高工资会带来收入效应和替代效应。替代效应表明，更高的工资鼓励我们更多地工作。而收入效应则表明，更高的工资意味着我们可以通过减少工作来获得目标收入，从而享受更多的休闲。欧文指出，这最终取决于个人偏好。我们如果把更多的闲暇看得比更多的薪水更重要，那就不得不拒绝升职。

关于这一主题，美国经济学家**希瑟·布希**（Heather Boushey，1970—　）认为，现代家庭正在努力应对男性和女性工作时间均在不断增加的问题。随着越来越多的女性加入劳动力大军，并寻求职业发展，能用于做家务的时间就更少了。因此，在没有价格实惠的儿童看护设施的情况下，晋升如果意味着工作时间更长，那在晋升与更大工作强度、更少休息时间的机会成本之间，就不得不做出权衡，尤其是对女性而言，她们仍然更有可能要负责家务。

自由市场经济学家可能会辩称，如果更高的工资使员工能够将家务外包出去，那么拥有更高的工资和更少的工作时间就并不矛盾。换句话说，升职可以让你更好地支付托儿费、园丁费和清洁费。然而，尽管自由市场（在某种程度上）可以处理像打扫卫生和照看孩子这样的简单任务，但所有的父母都会告诉你，有些养育孩子的任务是必须亲力亲为的。

提勃尔·西托夫斯基认为，对更高收入的追求，以及工作时间不可避免的延长，已经导致了社会成本的上升，比如不健全的家庭。社交活动与陪伴孩子这样的事务不能外包给中介机构，这些事实让人们对工作时间需要延长的升职更加谨慎。

研究人员克里斯·博伊斯和安德鲁·奥斯瓦德发现，如果这还不足以引起人们的担忧，那么另一个事实就是，升职后人的健康状况会下降。他们发现："平均而言，升职会增加10%的精神压力，减少20%的看医生的时间。"

其他因素

并不是所有的经济学家都厌恶工作时间过长。早在1930年，**约翰·梅纳德·凯恩斯**就预言，他的孙辈们可以一周只工作15个小时。凯恩斯的逻辑是，生产率的提高将使人们能够选择更短的工作时间。当然，这并没有发生。政治经济学家**本杰明·弗里德曼**（Benjamin Friedman，1944—　）在解释为什么人们工作时间更长时指出，由于替代效应，人们可能乐于选择更长的工作时间：工资越高，工作越有价值。他还指出："在这个时代，为人际关系提供有效机会的环境越来越少，职场已经成为最受欢迎的发展人际关系的场所之一。"

换句话说，工作不仅仅是一种收入和休闲时间的交换。工作的内在价值在于，它能提供各种不同层级的效用。在工作评估中，薪酬只是众多因素中的一个。更大的因素是工作满意度和工作过程中的认同感。西托夫斯基声称，责任能带来更多真正的满足感，因为我们将会忙于处理人际冲突和管理，这让升职变得很有必要。

这也取决于你有多喜欢目前的工作。19世纪，**卡尔·马克思**指出了资本主义毁灭灵魂的本质，即让工人们在高度专业化的装配线上从事枯燥的重复性工作。理想情况下，马克思会希望你发动一场无产阶级革命，但如果这看起来有点令人生畏，你也可以选择升职到一个更有趣的职位，即监督其他工人。

奶油会一直往上浮，直到它变酸。

——劳伦斯·J. 彼得和雷蒙德·赫尔

在决定是否接受升职时，最后一个非常实际的问题是你能否胜任这份工作。1969年由教育家兼作家的劳伦斯·J. 彼得提出的所谓彼得原理认为，在许多组织中，人们往往都会得到晋升的机会，直到他们触碰到能力的天花板。晋升来自过去的表现，但这并不必然预示你未来的工作表现。例如，如果你是一名优秀的平面设计师或足球运动员，这并不意味着你一定能胜任设计工作室主管或足球队经理的工作。

抉择时刻

升职能带给你更多的责任和满足感。不管经济学家对收益递减有什么看法，额外的收入总是有用的。如果我们被更高的薪水所吸引，我们就会像弗里德曼预测的那样选择升职。然而，承担更多的工作和责任肯定会带来非工作时间减少的机会成本。如果我们觉得升职只会增加我们的压力，那么可以考虑一下弗雷和西托夫斯基的建议：优先安排我们的空闲时间。

如何激励手下的员工？

詹森 ‖ 拉泽尔 ‖ 斯密 ‖ 弗里曼 ‖ 阿克洛夫 ‖ 夏皮罗 ‖ 斯蒂格利茨 ‖ 奥布武伊 ‖ 艾瑞里 ‖ 马斯洛 ‖ 费尔

如果你是一个老板，管理着一群员工，当他们没有工作热情时，你如何激励他们努力工作？传统的回应通常是用经济奖励来激励员工。但是，将员工心中的不满转化为工作热情，可能并不总是给钱就能简单解决的。

许多工作都有工资和工作条件的保障，这意味着工人不会直接受到自身生产效率的影响。在经济学中，这被称为委托代理问题，是由经济学家**迈克尔·C. 詹森**（Michael C. Jensen，1939— ）和威廉·梅克林提出的理论。它指出，老板想要最大化利润，但工人不想，他们只想轻松地度过工作时间（这可能涉及偷懒）。管理人员面临的问题是，当这些员工与公司的业绩没有利害关系时，该如何激励他们。

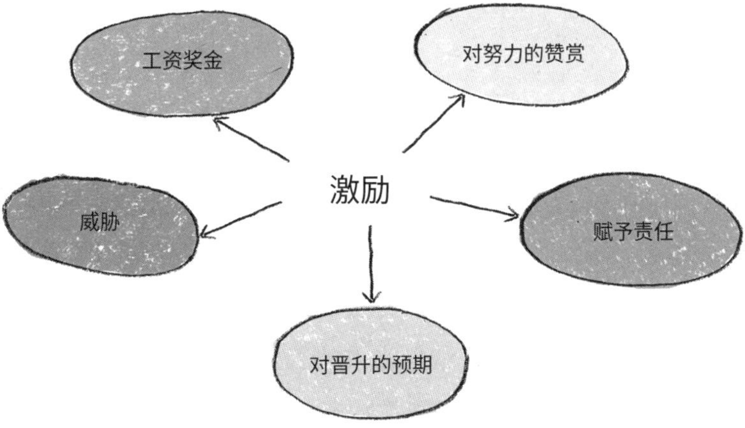

财务激励

经济学家说，最显而易见的解决办法是绩效工资。**爱德华·拉泽尔**（Edward Lazear，1948—2020）是被誉为创造了人事经济学的经济学家，他认为，实证表明奖励措施确实能提高生产率。拉泽尔发现，有一家玻璃安装公司在引入计件工资后，生产率提高了44%。正如**亚当·斯密**在18世纪所言，这正是主流经济学理论所预测的，与工作直接相关的薪酬确实能提高工人的生产效率。拉泽尔还发现，激励措施会吸引愿意努力工作的人来做这份工作，并鼓励懒惰的人离开（这样就省去了管理他们的麻烦）。

有一些工作很难评估个人表现。但如果个人绩效薪酬难以实现，另一种选择是根据整个公司的绩效提供激励。在由**理查德·B.弗里曼**、道格拉斯·克鲁斯和约瑟夫·布拉西合著的《工作中的共享资本主义》（*Shared Capitalism at Work*）一书中，有强有力的证据表明，股票期权和利润分享制度有助于提高生产率。个中原则是一样的，让员工分享公司的财富会改变他们的动机。

经济学理论

主流经济学理论强调通过财务激励来激发员工的积极性，但近来的经济学家们也对非财务措施进行了研究。

乔治·阿克洛夫将劳动力市场视为礼尚往来的一部分。如果你给工人最低工资让他们去工作，工人会回报你最低的努力。阿克洛夫提出了一种效率工资理论，该理论认为，支付高于市场平均水平的工资是提高工人士气，进而提高生产率的有效途径。**卡尔·夏皮罗**

（Carl Shapiro，1955—2021）和诺贝尔奖得主**约瑟夫·斯蒂格利茨**（Joseph Stiglitz，1943— ）对这一理论提出了一种不同的解释，他们认为是失业的威胁让员工不敢偷懒。

当财务激励适得其反

托马什·奥布武伊（Tomasz Obloj，1980— ）发现，财务激励往往会适得其反，而且当员工找到利用奖励制度的方法，奖励收益就会递减。他用一个简短的例子，说明了财务激励的意外后果。在殖民时期的印度，德里的总督为了消除城市里的蛇，悬赏购买眼镜蛇皮。然而，在意识到这当中有利可图时，人们的反应是先圈养眼镜蛇，再杀死它们，然后索要赏金。蛇皮的数量如雨后春笋般增长，而这一计划也被放弃了，因为蛇的数量变得比以往任何时候都多。

丹·艾瑞里举了一个更现代的例子，美国富国银行为员工设定了业绩目标，但随着时间的推移，员工们意识到，他们可以通过以客户的名义开设虚假账户来实现销售目标。从这个例子可以看出，奖金非但没有起到激励作用，反而可能以负面的方式扭曲员工的行为。

艾瑞里说，钱只是许多因素中的一个，事实上，员工们会觉得现金奖励本质上是贿赂，目的只是让他们去做他们本应该做的事。艾瑞里指出，一些研究表明，获得奖金的员工可能一开始会

> 在等式中加入金钱可能会适得其反，并削弱人们的动力。
>
> ——丹·艾瑞里

很努力工作，但这种效果很快就消失了。通过对其动机效应进行调查，艾瑞里得出的结论是，这些尝试适得其反。

其他奖励

如果花钱没用，我们如何激励员工？詹姆斯·马尔科姆森认为，如果提供更高的薪酬没有吸引力（或没有可能性），管理者可以利用升职的机会来激励员工。如果有这种周期性的晋升可能，员工就会有动力去努力工作，给老板留下好印象。马尔科姆森把这比作一场锦标赛，在这场比赛中，工人们试图赢得晋升的奖励。这并不一定与更高的薪水有关，也可能与工作中的地位和影响力有关。

心理学家**亚伯拉罕·马斯洛**（Abraham Maslow，1908—1970）在1943年出版的《需求层次》（*Hierarchy of Needs*）一书中，对激励工人的推动力提出了更广泛的理解。他认为雇主应该注意员工的不同需求层次。首先，工人们需要足够的钱来满足他们的物质

需求层次简化图

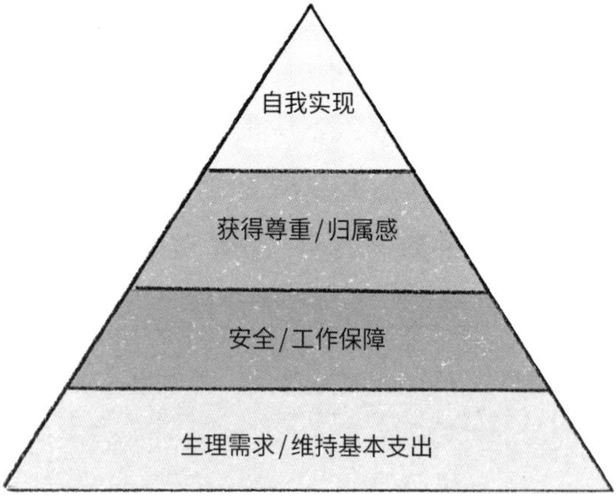

需求，并让其在工作中能有安全感。在这些基本的生活需求之后，工人们也在寻求归属感、尊重和自我实现的机会（实现他们的潜力）；换句话说，他们渴望创新和解决问题的机会，以及进步的机会。简而言之，除了基本工资之外，激励员工的方法应该是给他们归属感、责任感，以及在工作中提高影响力的机会。

心理学家认为，决定员工满意度的一个关键因素是成就感。大卫·麦克莱伦和J. W. 阿特金森提出了“成就需求理论”，他们认为，对员工来说，真正的动力来自从工作中获得成就感的能力。这不是来自经济上的奖励，而是做好工作所带来的满足感。从管理者的角度来看，其中的诀窍在于让员工有机会去感受过程，并因为自身的辛勤和努力获得奖励。丹·艾瑞里认为，这可以像致谢一样简单。即便管理者可能会对设定薪资标准无能为力，但这种简单、廉价，且非常有效的方法，是所有管理者都能做到的事情。

公平、信任和赏识

在工作环境中，重要的往往是小事。心理学家J. 斯泰西·亚当斯提出的**公平理论**认为，决定员工工作动机的一个关键因素，与其说是实际工资或工作类型，不如说是员工是否感到与其他员工相比受到了公平对待。一位有经验的管理者需要特别注意，员工会因为受到不公平待遇、歧视或不被赏识而感到不满。

> 经济学的本质就是激励。
>
> ——爱德华·拉泽尔

经济学家们越来越多地采用一些更具整体性的方法来激励员工，尤其是在行为经济学领域。阿明·福尔克和迈克尔·科斯菲尔德发现，给予员工更高程度的信任，能够有效提高员工的内在动力和工作表现。这种管理方式的有趣之处在于，它与奖金或裁员威胁形成了鲜明对比。通过对员工的信任，我们试图让他们感觉到自己是组织的一部分，而财务激励可能无法实现这一点。

奥地利行为经济学家**恩斯特·费尔**在《公平与报复：互惠的经济学》（*Fairness and Retaliation: The Economics of Reciprocity*, 2000）一书中指出了经济主体之间互惠的重要性。如果管理者富有同情心，能关怀体贴其员工，那么员工也会回之以友善。同样，老板的一些小的负面行为也会引起员工的反感。

管理者要记住，不要忽视日常生活中的小问题：从倾听对办公室温度的抱怨，到慷慨地表达赞美，皆有可能对员工产生激励作用。

抉择时刻

正如拉泽尔预测的那样，对于某些类型的工作，员工可能会对财务激励做出良好的反应。然而，你也可能会像艾瑞里一样，觉得你的员工对赞赏，以及让他们在工作中能承担更多的责任会有更好的反馈。

接收移民到底有利还是有弊？

萨缪尔森 ‖ 弗里德曼 ‖ 卡普兰 ‖ 格林斯潘 ‖ 施洛斯 ‖ 卡德 ‖ 汉森 ‖ 普里切特 ‖ 博尔哈斯

在全球化时代，移民是一个备受争议的政治问题。撇开移民的情感因素不谈，它对经济的影响是什么？它是否像批评者所说的那样给工资带来了下行压力？或者净移民实际上对那些已经生活在这个国家的人有益？

美国经济学家、诺贝尔经济学奖得主**保罗·萨缪尔森**（Paul Samuelson，1915—2009）在他最畅销的经济学教科书中，阐述了一个简单的经济学逻辑：净移民导致劳动力供应增加，从而对工资构成下行压力。萨缪尔森还指出，在1950—1965年间，美国移民政策相当严格，实际工资也迅速上涨。但是，他解释说，移民的影响并没有在整个经济中平均分配；这往往有利于富有的美国企业主，他们可以从雇用廉价劳动力中获利。相比之下，低收入的本土工人看到的是新移民带来的就业竞争、岗位减少以及工资降低。所有这些都表明，我们应该对大规模移民感到切实的担忧。

> 毫无疑问，自由开放的移民政策在自由意志主义国家是正确的，但在福利国家则是另一回事：移民的供应将变得无穷无尽。
>
> ——米尔顿·弗里德曼

福利问题

米尔顿·弗里德曼从另一个角度批评了移民问题。作为自由主义者，弗里德曼支持开放边境，并认为1914年以前的美国移民总体上是一种正向经验。但是他又说，如果一个国家采取了福利制度，那么人们会被福利待遇的大好前景所吸引而移居该国，这显然有财政上的动机；弗里德曼甚至担心，随着开放的边境和慷慨的福利，移民会变得无穷无尽。矛盾的是，他认为最好的解决办法是非法移民。非法移民可以通过增加劳动力资源来帮助经济，但由于这违反了法律，他们将无权享受相应的福利，如此一来东道国就能从两方面获益。弗里德曼似乎在建议，一个国家应该有移民法，但不应该强制执行。

年轻人的支持

然而，其他经济学家提出，所谓“移民是为了福利而来”的看法是错误的，因为绝大多数移民的动机是寻求薪酬更高的工作。劳动经济学家克里斯蒂安·达斯特曼和托马索·弗拉蒂尼研究了移民带来的影响，并发现他们实际上是政府预算的净贡献者。例如，2001—2011年，东欧移民对英国经济的净财政贡献接近50亿英镑。移民有助于财政状况的原因有很多。最重要的因素是，他们往往处于最佳工作年龄，在缴纳所得税的同时，却不需要养老金或昂贵的医疗保障。此外，与媒体的猜测相反，他们比土生土长的工人更不可能申请福利或获得社会住房。

美国福利经济学家**布莱恩·卡普兰**（Bryan Caplan, 1971—　）也提出了类似的观点，他认为，美国的福利支出集中在老年人身上，而不是正在工作的穷人。由于移民往往是年轻人，他们缴纳的税款，可以有效支持本地的老年人，而不是像弗里德曼担心的那样榨取整个体系的财富。考虑到西方世界的人口老龄化问题，这一观点尤为重要。日本拥有最严格的移民法，但这也导致了出生率不断下降、人口迅速老龄化、国债占GDP的比例居发达经济体之首等问题。移民通常被认为是应对快速老龄化社会的一种解决方案。

经济学理论

非熟练技术工人的移民导致了本国工人的工资下降和失业风险。

美国经济学家**艾伦·格林斯潘**（Alan Greenspan，1926—　）曾于1987—2006年间担任美联储主席，他认为移民（通常是非法的）在2000—2007年间对美国经济增长做出了重大贡献，其益处大于成本。

增加对劳动力的需求

另一个重要问题是，把注意力集中在移民对劳动力供应的影响上是错误的。早在1891年，英国经济学家**D. F. 施洛斯**（D. F. Schloss，1850—1912）就提出了所谓劳动总量固定谬论（lump of labour fallacy），即一个经济体的工作总量是固定的。做出这种假设的人担心移民会抢走本地工人的工作，但施洛斯认为事实并非如此。移民可能会抢走工作，但他们也会增加对商品和服务的需求，创造新的商机，并鼓励企业投资更多的资本。

换句话说，保罗·萨缪尔森错误地只考虑了对劳动力供应的影响；他还应该研究移民对需求增长的影响。这就解释了为什么在过去一百五十年里，大量移民拥入美国，而实际工资和生活水平却有了显著提高。移民和长期失业率之间并没有联系。

加拿大劳动经济学家**戴维·卡德**（David Card，1956—　）研究了1981年乘船从古巴前往佛罗里达的10万移民造成的影响。他发现，尽管移民速度非常快，而且出乎人们的意料，但他们的到来并没有导致失业或工资下降。佛罗里达州似乎有能力在几乎没

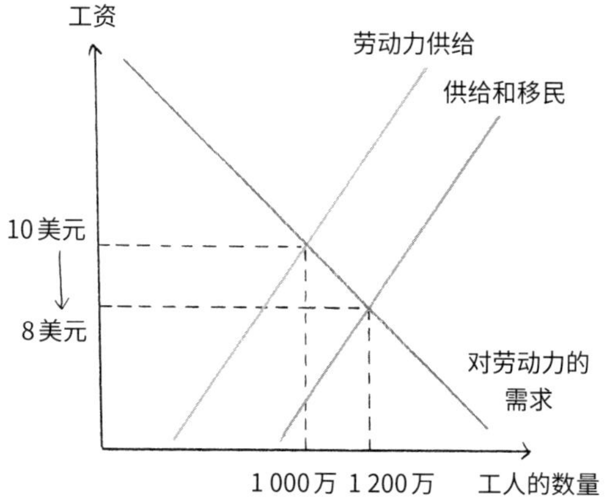

供给的增加压低了工资水平

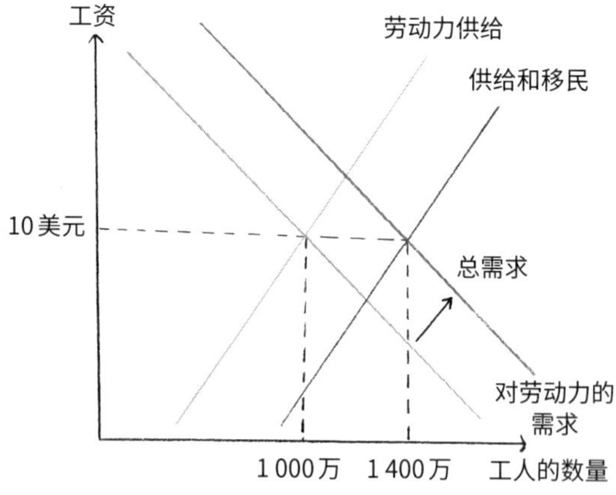

供给增加的同时总需求也增加了，所以工资并未降低

有负面影响的情况下吸收突然到来的移民潮。卡德承认，他对自己的发现感到惊讶。

雷切尔·弗里德伯格研究了另一项自然实验，即1990年代初，60万俄罗斯犹太人向以色列的迁移。她发现，俄罗斯移民往往会竞争薪资最低的工作，而且，如果说有什么影响的话，那就是对本地以色列人的薪资产生了积极影响。弗里德伯格认为，移民并非本土工人的完美替代品（由于语言差异），且对劳动力需求和劳动力供应都有积极影响。

促进创新

根据美国经济学家**戈登·汉森**（Gordon Hanson，1964— ）的观点，移民的另一个好处是可能会提高创新速度，并有助于提高经济体的创造力。汉森认为，移民拥有更广泛的社会和文化资本，更有可能学习科学和工程学，并开发出新的专利。

英国经济学家道格拉斯·麦克威廉姆斯认为，能够吸引外来劳动力，是伦敦和纽约等国际大都市成为创造力中心的原因，也是众多初创企业和小型企业取得“平白经济”（flat-white economy，指基于IT领域的数字经济，更强调创意与互动的价值）成功的关键因素。

谁受益，谁损失？

根据美国发展经济学家**兰特·普里切特**（Lant Pritchett，1959— ）的研究，在世界范围内完全开放边境将使GDP增加65万亿美元，这一数字令人震惊。它反映了经济学家的普遍共识，即移民可以增加经济体的GDP。然而，移民的影响仍然存在争议，因为移民虽然可能增加总体GDP，但并不能保证社会各阶层都能以同样的方式受益。

美国劳动经济学家**乔治·博尔哈斯**（George Borjas，1950— ）对移民的益处持怀疑态度，特别是，低技能工人的移民增加了对低收入工作的竞争，从而对高中辍学生等本土的低技能工人产生负面影响。对博尔哈斯来说，移民（以及其他因素，如贸易和工会的衰落）解释了近几十年来低技能劳动力市场前景相对较差的原因。

事实上，我们需要考虑的不仅仅是工资和工作。生活水平取决于是否有住房，以及周遭设施是否完备。移民往往高度集中在特定地区，这可能导致社会服务拥挤，并推高房价，尤其是在空间供应有限的城市。阿尔伯特·赛兹专门研究城市和住房经济学，他发现1%的移民增长会带来1%的房租或房价增长。这是移民的不平等效应的另一个例子。富人可以受益于较低的出租车服务和托儿服务价格，但对于低收入者来说，更多的移民只意味着更高的生活成本和更低的工资。

抉择时刻

博尔哈斯和萨缪尔森认为，低技能工人的大规模迁移将损害类似的低薪工人的工资和前景。因此，如果你是低技能群体，移民可能会增加你的生活成本。然而，戴维·卡德对移民提出了更为乐观的看法，并指出劳动力市场在不压低工资的情况下也能充分吸收移民，而且正如戈登·汉森所指出的那样，从长期来看，移民可能会促进创新和文化多样性。

相对于其他生产要素来说，对任何阶层的劳动力限制，都预期能够提高其工资率。

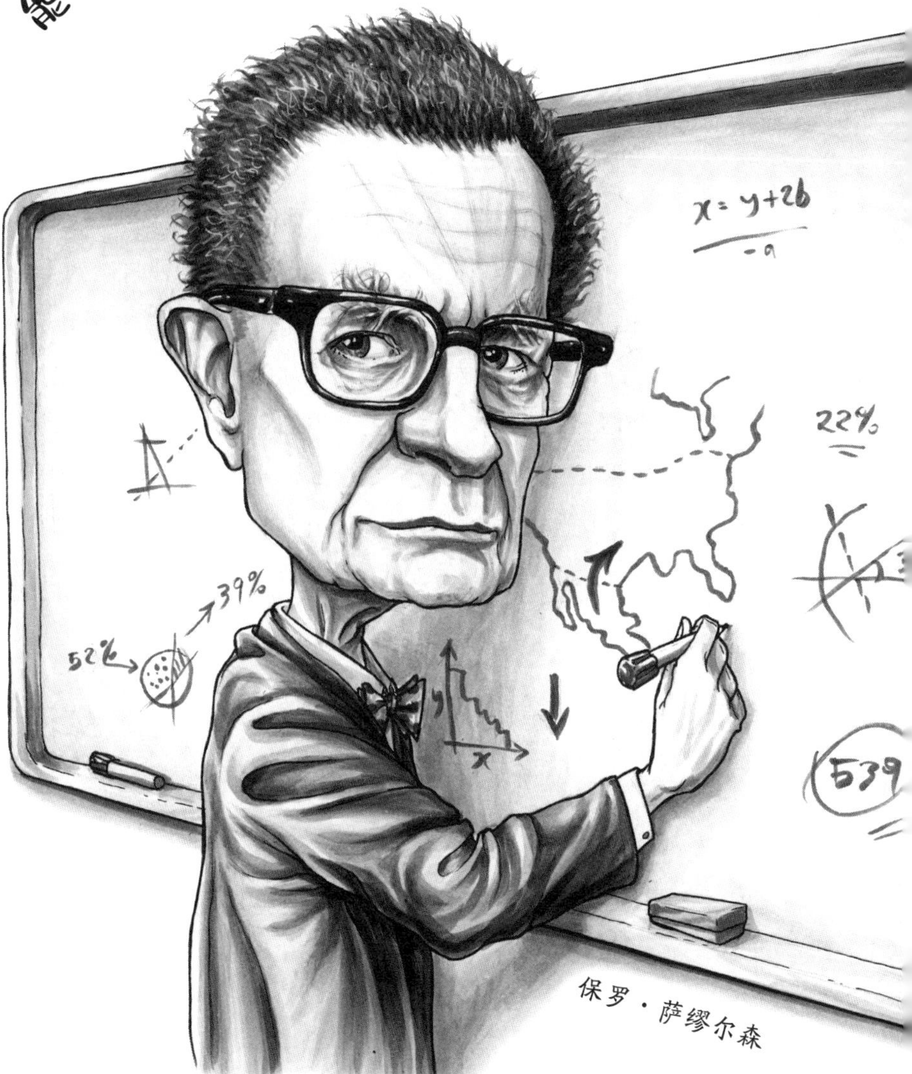

保罗·萨缪尔森

是否应该放弃稳定的工作，自己创业？

米尔顿·弗里德曼‖马克思‖列维特‖布兰奇弗劳尔‖奥斯瓦尔德‖艾瑞里‖莱文‖杰拉尔德·弗里德曼‖拉泽尔

在英国著名喜剧团体“蒙提派森”的一部作品中，一位从业二十年的特许会计师找到了一位职业顾问，声称自己已经厌倦了会计师的工作，并表示想试着成为一名驯兽师。尽管滑稽可笑，但它反映了许多员工想要尝试完全不同的工作的深切渴望。经济学家们对于放弃一份稳定的工作而去自主创业会有什么建议吗？

像**米尔顿·弗里德曼**这样的自由市场经济学家认为，每一位员工都是潜在的资本家。你如果觉得自己有能力创建自己的企业，就应该最大化你的人力资本，进入自由市场。弗里德曼是小企业家精神的倡导者，因为当人们可以自由地为自己工作时，他们会有更强的动力去努力工作、提高生产力和创新。如果在一家大公司工作让你感到沮丧和缺乏激励，那么你永远也不会最大化你的潜力。如果你对公司的管理方式感到沮丧，认为自己可以做得更好，为什么不试试单干呢？

进行权衡

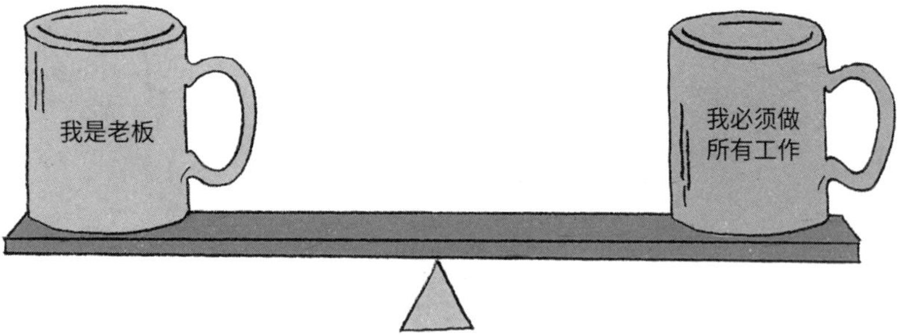

具有讽刺意味的是，阅读**卡尔·马克思**的著作可能会让你得出类似的结论。马克思主义分析认为资本主义经济中的劳动其实就是剥削和异化。当然，马克思希望世界上被剥削的工人能发动一场革命，而不是寻求自主创业。不过，你如果不能打败他们，那就加入他们吧。如果你感觉自己在工作中被像商品一样对待，不能仅仅抱怨，而应该尝试一些不一样的事。用马克思的话来说，“除了枷锁，你没什么可以失去的”。

自主创业会让你过得更好吗？

然而，在你辞职之前，先听听经济学家巴顿·H.汉密尔顿是怎么说的，他在2000年研究了个体经营者的报酬，发现他们的收入通常都很低。此外，自主创业者的平均收入，被少数“超级明星”企业家的高收入给歪曲了。如果我们忽略个体户中非常成功的那一小部分人，自主创业者的平均收入就会低于那些只是被聘用的白领员工。问题在于，这些超级明星企业家（如比尔·盖茨和史蒂夫·乔布斯）是那些将会留在我们集体记忆中的人。而在我们没有看到的媒体资料里，还有成千上万的个体经营者正在努力维持生计。

毒品交易是个体经营的一种极端形式。在《魔鬼经济学》一书中，经济学家**史蒂芬·列维特**和作家史蒂芬·J.都伯纳调查了许多毒贩为何与母亲生活在一起。原因在于工资结构分层。从事毒品交易的“基层人员”工资很低，但他们被这份工作所吸引，是因为有可能获得晋升，成为一名高薪“经理”。毒品交易显然是一种非法的自营形式，我们当然不推荐任何人贩毒，但它说明了自营的吸引力不是平均工资，而是成为“超级明星”企业家的可能性。

汉密尔顿的报告显示，个体经营者的平均收入比一般的白领员工要低35%。此外，个体经营者还存在额外的成本，如在度假或生病时会没有收入，需要在医疗保健和工作广告上投入资金。尽管工资较低，个体经营者仍倾向于工作更长的时间。那么，如果个体经营者的工资更低，工作更不稳定，工作时间更长，那其吸引力到底是什么呢?

英国经济学家**戴维·布兰奇弗劳尔**（David Blanchflower，1952— ）和**安德鲁·奥斯瓦尔德**（Andrew Oswald，1953— ）发现，老板对工作的满意度会高于在职员工。自主创业最吸引人的地方之一就是拥有自己当老板的自由。即使我们每周工作50或60小时，至少我们是在为自己工作。当一切都由我们自己决定，我们可以随意决定业务的方向时，长时间工作就会变得更容易。主人翁意识和控制感在决定我们的动机和工作满意度方面具有重要意义。

丹·艾瑞里认为，金钱报酬只是激励我们工作的诸多因素之一。真正的动力来自自我实现和目标感。在自主创业的过程中，无论我们自己的企业发生了什么，我们都会有一种在受雇用时不曾有过的动力。如果你觉得自己被低估了，至少通过创业，你有机会把这份工作塑造成反映自己价值的东西。尽管工资较低，但自主创业的这些重要的非金钱利益使其极具吸引力。

企业家精神为收入的巨额增加提供了可能性。

——罗斯·莱文和约纳·鲁宾斯坦

然而，美国经济学家**罗斯·莱文**（Ross Levine，1960— ）对企业家会比受雇用者获得更高工资表现得更为乐观。他指出，个体经营包括各种各样的工作，比如，一份刚刚起步的卖热狗业务，实质上与就业几乎没有什么不同。莱文表示，把这些不同类型的个体经营分开来看，自主创业的个体经营者的收入比他们做领薪水的员工时高出18%左右。

经济学理论

自主创业比就业更能激励个人。它也能使人们发挥出全部潜能，创造更有意义的工作。

零工经济

近年来，随着零工经济（大量采用自由职业者或短期合同工形式的分散型劳动体系）的兴起，个体经营者队伍中的分化变得更加明显。它反映了这样一个事实：工人们经常把个体经营工作作为整套工作组合的一部分。例如，他们可能在出租车公司任职的同时，也以外卖或快递公司的个体经营者身份工作。对于记者托马斯·弗里德曼等自由劳务市场的支持者来说，这给了工人更大的灵活性，让他们能通过平衡自己的工作时间，来获得成就感。

然而，像**杰拉尔德·弗里德曼**（Gerald Friedman，1955— ）这样反对放松劳动力市场管制的批评者认为，零工经济实际上是企业避免劳动力成本（如医疗保险），甚至支付低于国家最低标准的薪水的一种方式。他还指出，零工经济中的个体经营者几乎没有权利或能力向企业抱怨或讨价还价。虽然有些人可能喜欢零工

在就业方面的灵活性，但也有许多人发现，工资和工作条件方面的不确定性是压力的主要来源，它们会导致生活质量下降。根据杰拉尔德·弗里德曼的观点，这种新的零工经济从两方面来说都是最糟糕的：个体经营者的工资变得更低了，还失去了企业的补偿福利。

尽管零工经济中的自我雇用合同带来的回报可能很低，但对于大多数企业家来说，这并不是他们所想象的自主创业，而只是一种更低收益的雇用关系的伪装。如果我们希望开展自己的生意，那么哪些因素将决定能否成功呢？罗斯·莱文研究了一些成功企业家后发现，他们通常有以下几个方面的共同特点：在学习态度测试中得分更高，但也更愿意“打破常规”，且在年轻时涉及违法行为更多。换句话说，这一研究认为，成功的企业家是那些愿意冒险并且在尝试走出新路方面更加自信的人。自主创业的回报和成本都非常高，可能更适合那些风险偏好者而不是风险规避者。

谁成功了？

美国经济学家**爱德华·拉泽尔**对多位企业创始人进行了调查，发现最成功的企业家是那些技能广泛且经验丰富的人。他们不一定在某一领域出类拔萃，但综合能力都很强。典型的科学天才可能会创造一个伟大的发明，但如果他的科学天赋与基本的管理技能不匹配，他仍可能会成为一个糟糕的企业家，这或许可以解释为什么一些科学天才死时身无分文。如果你想成为一位成功的企业家，那么成为一个万事通可能比成为一个真正的天才或专家更重要。

抉择时刻

如果你对目前的工作不满意，觉得自己可以做得更好，米尔顿·弗里德曼会鼓励你跟着自己的直觉走。但正如拉泽尔所警告的那样，你必须要搞清楚自己将会陷入何种境地。如果你真的选择个体经营，杰拉尔德·弗里德曼会建议你确保自己不要陷入零工经济，因为零工工作报酬更低，且没有任何补偿福利。

如何才能加薪？

维克塞尔 ‖ 德鲁克 ‖ 阿克洛夫 ‖ 耶伦 ‖ 贝克尔 ‖ 弗里德曼 ‖ 斯蒂格利茨 ‖ 罗宾逊 ‖ 斯密 ‖ 乔姆斯基 ‖ 纳什

我们都觉得自己应该加薪，但获得加薪的最佳途径是什么？经济学能告诉我们工资是如何被决定的，但对于如何说服老板给我们加薪则无能为力。不过，对相关经济学原理的了解可能会增加我们要求加薪的底气。

克努特·维克塞尔（Knut Wicksell，1851—1926）是工资决定论的提出者，他因集成了里昂·瓦尔拉斯和大卫·李嘉图等古典经济学家的研究（基于自由市场、自由贸易和理性的消费者会追求物有所值）而被称为“经济学家中的经济学家”。工资决定论表明，工人的工资应该由他们的边际收益产品（marginal revenue product，MRP）决定，即他们生产的商品数量乘以其价格。如果他们努力工作，每小时能生产更多商品，他们就有理由获得更高的工资。生产率和工资之间有着密切的联系，因为产出的增加意味着雇主可以支付更高的工资。

在生产率之上

然而，边际收益产品理论并不适用于现代经济，在现代经济中，工人的产出是无形的。管理学理论家**彼得·F. 德鲁克**（Peter F. Drucker，1909—2005）认为，在现代知识经济中（主要关注教育、IT、设计等服务业），我们的工作任务不那么容易被界定。在这种情况下，实际的解决方案是培养更广泛的技能，比如善于与人相处，以及所有那些涉及管理的陈词滥调，比如成为“目标导向的团队成员”。

如果你的老板很受经济理论的影响，你甚至可以尝试提及**乔治·阿克洛夫**和**珍妮特·耶伦**（Janet Yellen，1946— ）在1986年提出的效率工资理论（参见第128页）。他们认为，更高的工资能极大地提高生产率和员工对企业的忠诚度。在许多情况下，提高工资是有好处的，因为让员工感到快乐和满足，对生产效率的提高将超过加薪的成本。提出效率工资理论的问题在于，你基本上是在暗示，自己目前并没有足够努力，因为你认为自己的工资太低了。

一些经济学家认为，获得更高工资背后最重要的因素是行动上的意愿。例如，汉娜·莱利·鲍尔斯、琳达·巴布科克和蕾·拉在2005年的一项研究中指出，造成性别薪资差距的一个原因是，女性不太可能主动要求加薪。然而，他们的研究结果也指出，对于女性来说，仅仅有要求加薪的意愿可能还不够，因为老板们对女性要求加薪的反应可能会很不一样。

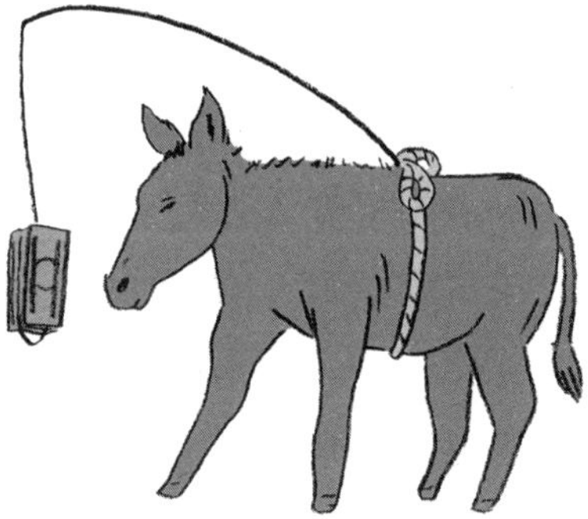

换工作

即使我们拥有迷人的性格和工作态度，再加上广泛的技能，给老板留下了深刻的印象，而且我们能在恰到好处的时机要求加薪，老板可能仍然会拒绝，并声称这不是他们的责任。如果遭到断然拒绝，我们还有其他什么选择吗？

在这种情况下，**加里·贝克尔**或**米尔顿·弗里德曼**等自由市场经济学家会建议转而求助于市场的力量。如果你的工作确实薪资过低，唯一的解决办法就是另谋高就。如果你的雇主真的很看重你，这足以让他们给你加薪，但如果你的老板还是拒绝了，那就去找一个愿意给你更高薪水的雇主。

这种劳动力市场竞争理论固然很好，但在实践中，找到一份薪水更高的工作要比理论上困难得多。**约瑟夫·斯蒂格利茨**认识到，由于高昂的搜索成本、面试和不确定性，在找新工作时可能会遇到大量问题。换句话说，自由市场理论对那些努力争取更高工资的人来说，可能并没有多少安慰作用。

由于找新工作困难重重，许多公司就会对我们滥用一定程度的买方垄断（monopsony）力量。这一概念是由英国非正统经济学家**琼·罗宾逊**（Joan Robinson，1903—1983）于1933年提出的。她指出，许多雇主能依靠市场力量来设定工资，而且毫无疑问，他们设定的工资将会低于我们的边际收益产品。不仅是卡尔·马克思谴责企业将劳动力作为商品加以剥削，甚至**亚当·斯密**也在18世纪指出，在设定工资方面，雇主占了上风。

诺姆·乔姆斯基（Noam Chomsky，1928—　）持同样悲观的观点，他认为现代资本主义创造了一种通过工资进行奴役的形式，在这种奴役下，劳动者，尤其是低技能劳动者的胜算很小。然而，

传统观点认为，如果女性想要拥有和男性一样的资源和机会，那么她们应该学会主动寻找而不是回避谈判的机会。

——H. R. 鲍尔斯、L. 巴布科克和蕾·拉

我们还是有希望的，因为如果企业拥有垄断的权力，那说明它们目前的利润是以我们的利益为代价的：这也就意味着它们能够支付更高的工资。我们只是需要一种方法来说服它们这样做。

加入工会会有帮助吗？

如果公司拥有垄断力量，工人们可以组建工会来寻求一种平衡。通过工会这一组织形式，工人可以拥有更大的议价能力和要求更高工资的潜力。

在第二次世界大战后的动荡时期，米尔顿·弗里德曼发现，工会在为其成员争取更高的工资方面非常成功。事实上，在1980年代，像弗里德曼这样的自由市场经济学家鼓励玛格丽特·撒切尔和罗纳德·里根进行一场供给侧改革（自由市场改革），其中就包括限制工会的权力。

弗里德曼的研究表明，如果你想获得更高的工资，你应该说服公司里所有的工人加入工会，然后威胁你的老板，如果不加薪，你们都将罢工。（弗里德曼是否认为工会能提高经济效率是另一个问题。）

但如何才能组织出一场成功的罢工呢？集体谈判真的能增加工资吗？如果工人们表现出坚定的决心和组织良好的样子，雇主可能会让步并支付更高的工资。然而，雇主如果认为他可以把员工分裂开，并在罢工中幸存下来，那么就可能会拒绝工人的要求。这就

经济学理论

边际收益产品理论认为，在工资和产出之间存在非常紧密的联系，因此，提高生产效率是获取高工资的关键。

> 雇主们总是以一种默契的，但又始终如一的、统一的、联合的方式，拒绝把劳动者的工资提高到高于他们实际工资的水平。
>
> ——亚当·斯密

变成了一种博弈论，其结果取决于其他人的响应情况。

伟大的美国数学家**小约翰·福布斯·纳什**（John Forbes Nash Jr.，1928—2015）提出了一种理论，即考虑到另一方正在做的事情，当双方都无法通过改变策略来获益时，结果将处于某种均衡状态（所谓纳什均衡）。问题是获得纳什均衡对双方来说都不是最优的。换句话说，要想加薪，比如说2%，你就必须罢工一周，在这一周里，你得不到任何工资，而且还会对谈判造成很多不利因素。工人们知道，如果他们不举行罢工，就得不到加薪。但同样，公司也不能轻易屈服，因为它不仅要考虑这次加薪，而且要考虑如何阻止未来的罢工行动。

经济学家劳伦斯·J. 哈伯专门为美国职业棒球大联盟研究薪资谈判中的博弈论问题，并对采取过分对抗的策略持谨慎态度。他发现，成功的薪资谈判的一个关键因素，是通过克制来培养一种信任感。

提高个人价值

无论如何，在现代的零工经济中，组织工会的希望可能非常有限。在这种情况下，比起强调工会的重要性，加里·贝克尔等新古典主义经济学家会更加重视个人人力资本。换句话说，如果你想要更高的薪水，就要集中精力提高你的技术、资历和适应能力。接受职业培训是你愿意并且有能力学习的信号。这或许是晋升和加薪最实际的途径，而且也比试图组建一个联盟容易得多。

抉择时刻

我们可能会同意加里·贝克尔的观点，即我们最大的加薪希望是提高生产率，比如获得更多的资历。然而，如果我们觉得我们的老板，像罗宾逊所描述的那样，是个独断独行的人，我们可能需要采取不同的方法，比如组建一个工会与老板进行谈判。

如何才能成为优秀的管理者？

斯密 ‖ 李嘉图 ‖ 艾瑞里 ‖ 米尔格罗姆 ‖ 莱维特 ‖ 帕累托 ‖ 本尼斯 ‖ 卡尼曼

即使你并没有在管理一家公司，你仍然很有可能成为一位管理者，即便该职位仅限于你的家庭内部。成功管理者的秘诀是什么？你怎样才能从人们身上得到最好的回报？经济学理论能为管理员工提供见解吗？

劳动分工

在《国富论》一书中，**亚当·斯密**注意到一家别针工厂是如何将生产过程分割成不同的工种的。这一原理被称为劳动分工，它使管理人员能够分配工人专门从事他们相对最擅长的工作。该原理对任何组织都很重要。假设你是一个五口之家的家长，你知道你最擅长做各种各样的工作，从做饭到做财务账目再到打扫房间。这是否意味着你应该做所有的事情？不，你还是应该想办法把一些任务委派给你的伴侣和孩子。

把工作分配给合适的人的过程与比较优势理论非常相似。**大卫·李嘉图**认为，各国应该专注于生产自己相对最擅长的产品。即使一个国家在生产任何东西上都有绝对优势，这并不意味着它应该尝试自己生产所有东西，而应该专注于最擅长的领域。因此，在一个家庭中，你可能会发现自己最擅长做纳税申报单，那么在需要你做该工作的那一天，你一定要把清洁工作委派给你的家人，即使你知道他们不如你做得好！

有效授权

如果你在一家公司管理员工，有效授权将成为你工作的重要组成部分。如果你的主要工作是制订一个商业计划和管理员工，就不要花时间去订购文具。授权不仅仅是为了让我们专注于自己相对优势的领域，它还包括赋予其他员工责任和重要性。

在评估员工动机时，**丹·艾瑞里**指出，一个关键因素是，员工能否从具有一定授权和责任感的工作中获得满足感。换句话说，如果你有信心把工作的责任委托给别人，那么该员工很可能会对你和公司更忠诚。居高临下、事无巨细地管理一切的老板不仅会让人精疲力竭，还会惹恼手下的员工。成为一名优秀的管理者，意味着我们需要专注于最重要的工作和责任，并信任身边的人。

艾瑞里的发现与评估企业管理的**保罗·米尔格罗姆**相似。后者认为，为了让工人发挥最大的作用，有必要减少对他们的限制。他特别指出，现代生产方法注重的是更小的库存、更快的服务和更大的灵活性。但是，要使这些更具成本效益的战略发挥作用，管理就不能过于分层。如果每个决策都必须经过管理者的批准，那么系统就会变得非常不灵活，且容易出现瓶颈。

团队精神

米尔格罗姆关心的另一个问题是如何处理绩效和激励之间的不相容。他指出，在现代职场中，大多数员工都有各种各样的目标。如果只有狭隘的成就才能得到绩效奖励，这就会扭曲工作实践，导致人们仅关注于该成就。例如，有一种观点认为，教师应该根据考试成绩或学生评价获得相应的薪酬。然而，米尔格罗姆

> 在知识经济中，职场很大程度上依赖于信任、参与和友善。
>
> ——丹·艾瑞里

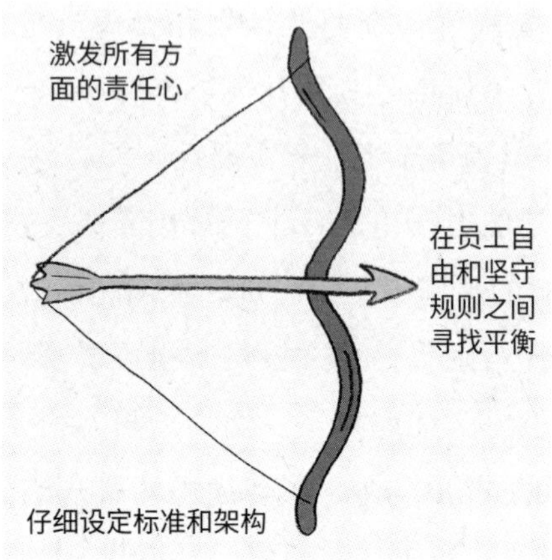

认为这将导致意料之外的后果：老师们将专注于学生的分数，而忽视学生成长的其他维度，比如创造力和开放的思想。一个好的管理者需要强化员工对公司的基本态度，鼓励团队精神，而不是鼓励基于狭隘目标的竞争方式。

领导能力

美国经济学家**西奥多·莱维特**（Theodore Levitt, 1925—2006）对过于开放的管理风格提出了警告。他说，提出新创意是很容易的，管理者真正的能力在于提供实际的客户满意度。对莱维特来说，过度的创造力与其说是一个里程碑，不如说是一块绊脚石。他认为，创意很容易获得，但如果你的创意太多，业务就会失去重点；真正稀缺的是有精力并能够持之以恒地有效实施想法的人。

在类似的问题上，管理专家经常提到80/20法则。这是意大利经济学家**维尔弗雷多·帕累托**提出的一个概念，他指出，20%的人口拥有80%的财富。这个原则也可以应用到管理中，即你的企业有80%的生产力可能来自20%的员工和工作实践。这将有助于你认识和挑战那些低效率的因素，并把更多的精力集中在那些能给你带来80%成功的因素上。

此外，虽然有些人强调了委派责任和“赋予工人权力”的重要性，但莱维特更强调强势领导的重要性。老板必须为公司的其他人树立榜样。无论是有意识还是无意识，人们都会跟随老板的领导。通俗地说，我们认为老板应该“以身作则”且做到“己所不欲勿施于人”。委派责任、下放权力固然很好，但如果没有必要的领导力，你的员工就会举步维艰。

经济学理论

好的管理者会根据员工各自的技能和资质来分配适当的工作和任务。

沃伦·G. 本尼斯（Warren G. Bennis，1925—2014）是美国的一位研究领导能力的专家，他创造了“adhocracy”（意指无固定结构的管理方式或组织）一词，即管理者需要做好以身作则的准备，同时也要运用授权原则、灵活性原则和意愿原则来进行改变。

行为因素

丹尼尔·卡尼曼研究了影响高效管理方法的心理因素。一个值得关注的因素是，优秀的管理者和领导者更有可能对工作、交易和他人持乐观态度。

卡尼曼注意到，如果管理者们受到非理性的，甚至是盲目乐观（参见第68页）的影响，这可能是一件好事。如果我们高估了自己的能力，它会鼓励我们冒险。相反，如果一个更悲观、更谨慎的管理者在整个交易过程中散布悲观情绪，这会损害业务前景。在传统

> 对未来将会获得成功的信心维持着一种积极的情绪，这种情绪能帮助他们从他人那里获得更多的资源，提高员工的道德水平，并增强他们取得成功的前景。
>
> ——丹尼尔·卡尼曼

管理风格

的经济学理论中，情绪和心理前景很少被提及，但如果你曾经为一位悲观且喜欢批评人的老板工作过，你就会知道，这并不特别鼓舞人心。创造正确的氛围对于鼓励良好的工作态度至关重要。

丹·艾瑞里认为我们深受环境的影响，一些小的改变就能促使人们更有成效地工作。他报告说，最高效的程序员都有一个共同点，那就是他们都在一个没有干扰的环境中工作。我们都知道健谈的同事、上网浏览各种新闻，甚至是一个杂乱的工作场所都会严重限制我们的工作效率和注意力。艾瑞里指出，好的管理可能需要有信心排除各种干扰，即使员工已经对此感到习惯。他认为，让人分心的四大因素是会议、电子邮件、多任务处理和结构性拖延；在这些干扰因素下，人们会倾向于找一些小而烦琐的工作去做，而不是优先处理手头的关键任务。

抉择时刻

艾瑞里认为，关键是要给员工一种工作满足感，这可能包括赞赏和给予创造力空间。另一方面，莱维特强调强有力的领导能力，卡尼曼则认为，领导能力应该囊括乐观和积极两种态度。

经商应该只是为了利润吗?

弗里德曼 ‖ 斯密 ‖ 舒马赫 ‖ 斯蒂格利茨 ‖ 贝克尔

工作和生意的目的是什么？我们是应该努力为公司和股东创造最大的利润，还是应该有一种社会责任感，努力实现利润之外的其他目标的最大化？在某种程度上，我们可以同时做到这两点，即社会责任也可以是一个好的商业战略。但是，如果我们面临是否要牺牲利润来促进社会责任的两难境地，经济学家们会给出什么建议呢？

米尔顿·弗里德曼认为，如果你经营着一家企业，你唯一的社会责任就是为老板和股东最大化利润。任何试图考虑更广泛的社会影响（比如慈善捐款，或者解决工人或环境问题）的做法都是错误的。他认为，无论你是管理者还是工人，你都无权将自己的偏好或个人社会责任观念强加于企业。如果你有很强的社会责任感，你可以以个人身份做这件事，但不能通过企业来进行。

弗里德曼认为，那些抱着实现社会责任目的经营或管理企业的人，只是在用别人的钱来追求自认为的好。他声称，这就像你决定对自己的公司征税，然后擅自选择如何使用税款。根据弗里德曼的观点，个人擅自定义公共利益是错误的，这是政府该做的事。

弗里德曼很大程度上继承了古典经济学学派和**亚当·斯密**的观点，后者认为，如果企业追求自身利润的最大化，就会自然导致社会福利的最大化。在弗里德曼看来，如果你最大化一个公司的利润，它将带来更多的税收，而政府可以把这些税收花在公共产品上。政府选择支出的领域在理论上是由民主程序决定的。但是，如果你决定减少利润，自行转移资源，那么，用弗里德曼的话来说，你就变成了一个自我选择的、不民主的“立法者、行政人员和法学家”。弗里德曼的观点很有力，它回到了对自由市场有效性的坚定信念上，即自由市场能够创造最有效的结果。总而言之，弗里德曼对于我们超越自由市场并达成利润最大化这一简单目标的能力持怀疑态度。

生活不只有利润

弗里德曼对利润最大化的信念与其他经济学家的理论形成了鲜明的对比。后者认为，企业的管理者只追求利润最大化是错误的。德裔英国经济学家**E. F. 舒马赫**是一位杰出的思想家，他对自由市场和利润最大化的观点提出了质疑，并认为在商界工作的人有责任考虑公众利益，而不仅是利润。对舒马赫来说，利润最大化的企业实际上是在为少数富有的小股东创造利益，这导致了资源的不公平分配。

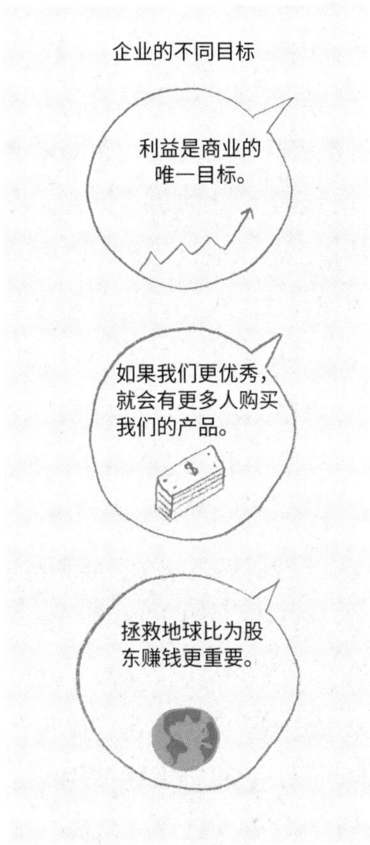

舒马赫还认为，在我们为一家公司工作时，我们将最为了解我们的业务决策会如何影响利益相关者，如工人、当地社区和消

> 企业只有一种社会责任，即在不违反游戏规则的前提下，利用自己的资源，从事旨在增加利润的活动。
>
> ——米尔顿·弗里德曼

费者。我们将会明白如何有效地促进社会福利，而不是依赖国家政府的监管和税收。一旦我们看到改善社会福利的有效方法，我们就应该选择这样做，而不是寄希望于一只看不见的手。正如**约瑟夫·斯蒂格利茨**曾经嘲讽的那样："亚当·斯密的'看不见的手'理论认为，自由市场会带来效率，就像受到某种神秘力量的指引一样——它是看不见的，这至少在一定程度上是因为它并不存在。"

利润最大化的代价

在2000—2006年的信贷泡沫中，利润最大化策略鼓励管理者和员工尽可能多地销售抵押贷款。销售员的报酬来自提成，所以他们可以在不考虑后果的情况下拼命地合法销售不可持续的抵押贷款。但这给那些后来无力偿还抵押贷款的个人带来了困难，也导致了经济崩溃。斯蒂格利茨认为，从长远来看，短期主义和利润导向会对社会造成损害。最终，许多抵押贷款公司在信贷泡沫之后破产。因此，明确的个人和社会责任感需要考虑到更广泛的可能影响，并能经受

> **经济学理论**
>
> 管理者和工人的作用应该是使利润最大化，因为这将带来最大的社会福利。

住利润最大化的诱惑。就销售抵押贷款而言，我们不能仅仅依赖于政府监管，因为这个行业的发展速度超过了政府的监管能力。

弗里德曼认为，政府可以通过对公司利润征税，来用于公共利益。然而，在现实中，企业能够越来越轻易地通过离岸账户避税，并通过低税率国家转移资金。斯蒂格利茨就曾批评过跨国公司想方设法逃避缴纳企业所得税，而这毋庸置疑会导致税收降低。因此，追求股东利益最大化的严苛政策会导致社会福利的下降。

企业责任

经济学家马库斯·基茨穆勒研究了企业社会责任的作用，他要求我们考虑两种情况。第一种，企业采取对社会负责的行为，有助于提高其长期盈利能力。这是**加里·贝克尔**首倡的一种方法：从经济成本和效益的角度审视我们的决策。例如，如果一个公司给慈善机构捐款，支持公共产品，并承担更高的成本来保护环境和工人，则自然会受到消费者和工人的欢迎，顺便还巩固了公司的品牌形象。它有时被称为光环效应（halo effect）。树立正面形象能够促进公司的长期发展。相比之下，像米尔顿·弗里德曼所倡导的模型那样，被视为唯利是图的公司，很容易受到客户抵制或破坏公共关系。此外，经济学家戴维·P. 巴伦认为，在某些情况下，企业可能会表现出自愿受到约束，以阻碍未来的立法。例如，通过自愿做得比最低限度的法律要求更好，公司可以避免未来新出台的法规和成本。

基茨穆勒指出的第二种企业社会责任是，当成本远远大于光环效应的好处时，我们是否应该为了追求社会责任，而以更低的利润和可能更高的价格为代价？美国经济学家弗雷斯特·L. 莱因哈

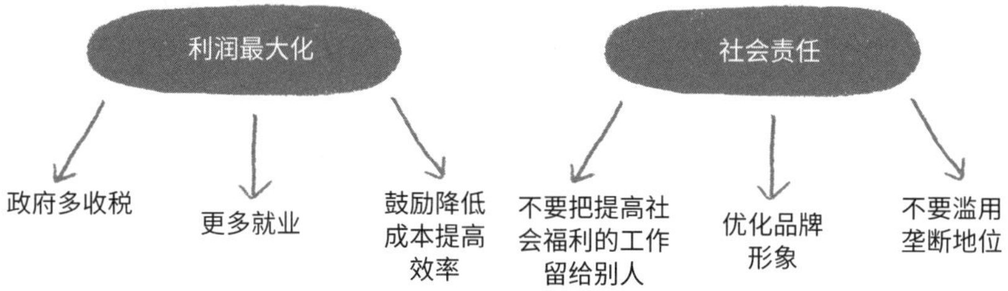

特指出，如果管理者过多承担了难以持续的社会责任，这不仅可能会让公司面临市场份额减少和利润下降的危险，还可能危及他们的工作。例如，我们如果经营着一家企业，并且出于社会责任，为了不增加失业率，而继续雇用那些没有生产效率的工人，就可能会把企业的生存置于风险之中。在这种情况下，管理者就陷入了进退两难的困境。基茨穆勒认为，如果我们牺牲利润，股东又对我们的社会关切不买账，那么这就形成了一种道德风险，即我们的行为并不符合我们雇主的利益。

然而，舒马赫认为，只有当我们能够以一种周全且利他的方式行事时，才能从工作和商业中获得真正的满足感。我们如果被束缚在有限的利润最大化视角中，就会疏远于社会集体。

抉择时刻

米尔顿·弗里德曼提出了一个强有力的理由，让我们忽视社会责任，并专注于为公司实现利润最大化。然而，你可能会像基茨穆勒一样认为，企业的社会责任可能是其实现长期繁荣的有效途径。如果这仍然让你感到不安，你可以遵循舒马赫的建议，即你的工作不是让少数股东实现利润最大化，而是为了社会的最广泛利益而行动。

第四章：金融

如何才能获得高于市场平均数的投资收益?

卡尼曼 ‖ 特沃斯基 ‖ 法玛 ‖ 麦基尔 ‖ 詹森 ‖ 凯恩斯 ‖ 阿克洛夫 ‖ 席勒 ‖ 塞勒

假设你有10万美元将投资于股市。你是应该听取金融分析师的建议，还是依据自己的判断来挑选最好的股票？听取经济学家的建议是否就能真正打败市场？一些信奉有效市场理论的经济学家会谦卑地宣称，你是在浪费时间，因为打败市场是一种蠢人的游戏。然而，也有很多专业人士并不那么谦虚，他们建议，只需要洞察几点就能带来竞争优势。

每个人都认为他们能够打败市场。事实上，心理学家**丹尼尔·卡尼曼**和**阿莫斯·特沃斯基**认为，对自己能力过度自信是人性的固有特征。

在选择股票时，我们中的一部分人会感到一切尽在掌控并假设我们必然能够打败市场。但是，现实并非如此。在2006年的业绩表现调查中，詹姆斯·蒙泰尔发现，在接受调查的专业基金经理中，74%的基金经理认为他们有高于平均水平的工作表现，26%的基金经理认为自己的表现处于平均水平，没有基金经理认为自己的表现“低于平均水平”！这种虚幻的优越感（有时是这样）确实证实了所谓“盲目乐观”偏向。

市场（应该）不会出错……

如果你仍然自认为有能力挑选出能够打败市场的股票，那么将有一整套以**有效市场假说**（efficient market hypothesis）为表现形式的经济学理论正等着击垮你的热情。该理论在1960年代

> 过度自信的原因在于人们经常对自己的盲目视而不见。
>
> ——丹尼尔·卡尼曼

由美国经济学家、诺贝尔奖获得者**尤金·法玛**（Eugene Fama，1939— ）发展创立，并于1967年被哈里·罗伯茨正式命名为有效市场假说。其基本观点是，在拥有无数买者和卖者的金融市场中，证券的价格会准确反映当前信息下的公平市场价格。如果一个股票相对于其公允价值被严重低估，将会有很多投资者买入该股票，从而推动股票价格上升到其长期平均值。也就是说，市场不可能出错，不要试图打败它。

英国经济学家安德鲁·史密瑟斯曾这样描述股票市场泡沫："有效市场假说预设了一些极其简单的观点，即股票总是能够被正确定价。"

有效市场假说的隐含意义是股票价格的变化就像随机漫步。这个观念被美国经济学家兼作家**伯顿·麦基尔**（Burton Malkiel，1932— ）在其1973年出版的图书《随机漫步华尔街》（*A Random Walk Down Wall Street*）中所推广。该书建议，如果你想选择一个股票，不妨简单地掷硬币来决定。

更好的做法是，选择一个收费低廉的经纪人，买入股票市场的平均价值（比如指数基金）。按照麦基尔的观点，关键是购买

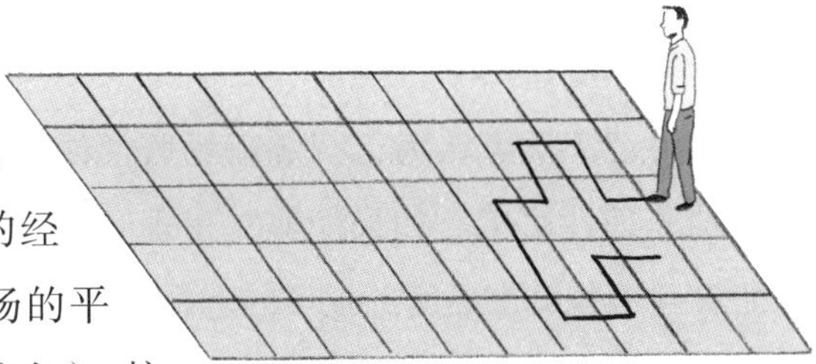

随机漫步理论认为，股票价格按照随机的、不可预料的模式变化

股票指数，并且长期持有。最佳策略不是看周期的涨跌（这可能促使你卖出股票），而是仅仅购买，并且持有数年。麦基尔特别批评了“图标策略”（一种试图寻找股价趋势的策略），尽管其对寻求市场秩序的人很有吸引力，但是对现实几乎没有影响。

1978年，美国金融学家**迈克尔·詹森**在文章中指出：“我坚信在经济学中没有其他理论像有效市场假说这样有着坚实的经验支撑。”但是，如果你对有效市场理论和随机漫步并不信服，还有其他经济学家和分析师愿意为你提供非常不同的建议。

……或者市场可能出错?

约翰·梅纳德·凯恩斯（声称自己在股票市场上赚了三笔赔了两笔）从股票研究中得出了一个令人惊讶的结果。他发现制冰公司的股票在夏季表现更好。这个奇怪的证据似乎挑战了有效市场假说，因为每年一度的夏季到来是意料之中的事情，并没有为市场提供新的信息。如果你要打败市场，只需要在5月份购买冰淇淋公司的股票，并于10月份卖出。有效市场假说的支持者认为，这仅仅是一个巧合：如果从历史中择优选择结果，那么这种巧合不可避免。但是，凯恩斯仍然坚持认为，如果你愿意选择冷门股票（与大多数人采取相反的行为），那么将会有很多机会表现得比普通投资者要好。

行为经济学家认为，有效市场假说误解了人类本性，忽视了人们的非理性决策。如果能够真正理解这个行为理论，我们将有可能看到那些被市场所忽视了的选择。

经济学家**乔治·阿克洛夫**和**罗伯特·席勒**（Robert Shiller，1946—　）在2009年出版的著作《动物精神》（*Animal Spirits*）中

指出，投资者往往基于情感和从众心理做出决策，而不是依据投资的真实价值做出理性选择。1987年的股票市场泡沫和崩盘表明金融投资者确实会失去客观判断能力。行为经济学家认为，你的投资行为必须与大多数人的相反，才能打败市场。

寻找便宜股票

阿莫斯·特沃斯基和**理查德·塞勒**认为，私人投资的一个典型特征是因厌恶损失而造成的目光短浅，即相对于盈利来说，投资者对损失具有更大的敏感性。大多数投资者高估了低风险、低回报资产的价值，比如，政府债券或蓝筹股。因此，打败市场的方式是购买规模较小、低估值、具有潜在增长前景的企业。塞勒认为，选择股票的最佳原则是传统指标市盈率（通常被用来评估公司的股票价格）。相对于高估值的股票和较低收益率的债券，具有较低市盈率的股票相对较便宜且拥有较大的增长潜力。最重要的是不要被股票的每日价格起伏所困扰。

在拥有无数投资者的市场中，存在着一些投资者打败了市场的记录并不令人惊讶。知名投资者彼得·林奇的理念是，研究那些相对其他城市经纪人而言自己更具信息优势的企业。与有效市场假说相反，林奇认为，市场信息是不完美的。纽约的经纪人不会为了发现企业的真实价值而去参观伊利诺伊州的小企业。因此，你如果花费了大量的时间研究本地企业，就能够发现一

经济学理论

有效市场假说认为股票价格总是会被准确估值，因此，想要挑选出能盈利的股票全靠运气。

如何打败市场?

- ☐ 寻找其他人所没有的信息
- ☐ 寻找市场中的不理性行为
- ☐ 碰运气
- ☐ 选择其他人错误认为具有高风险的高价值股票

些被当前市场所错误定价的股票。这需要做大量的调查研究工作，并拥有能够坚持长期持有高价值企业的股票而不被市场波动所干扰的决心。你如果没有时间去参观企业，那至少也要仔细研读企业的资产负债表。

著名投资战略家沃伦·巴菲特给出了在股票市场上最大化利润的简单建议。他推荐远离短期波动，购买低成本的标准普尔（S&P）500指数的基金并长期持有。巴菲特认为，私人投资者经常以亏损告终是因为他们花费了很多钱在昂贵的只有内行才懂的深奥建议上。投资分析师对复杂的投资都有着既定收益：他们鼓励买卖并从中收取大量交易费。巴菲特认为专业性投资建议的问题是他们试图打败彼此。但是，你击败市场的机会仅有50%，如果考虑到交易成本，则概率会更低。承诺击败市场的众多财务顾问不可能都是正确的。

> 市场可以持续不理性的时间比你保持自身偿付能力的时间更长。
>
> ——约翰·梅纳德·凯恩斯

但你真的能打败市场吗？即使是像卡尼曼这样的行为经济学家都持怀疑态度。他并不相信私人投资者能够战胜市场。即使知道股票被高估也仍然无法保证赚钱。1997年，互联网股票已经被高估了，但如果你在1997—1999年间对赌互联网股票，当互联网泡沫最终破裂时，你仍然会损失大量的金钱。

抉择时刻

你如果同意法玛的有效市场假说，就最好购买低成本的指数基金。然而，如果你同意塞勒关于情绪推动买卖的观点，你或许可以避开市场情绪，并挑选出那些看似高风险，却有可能击败市场的股票。

如何跑赢通货膨胀？

凯恩斯 ‖ 费雪 ‖ 费尔德斯坦 ‖ 罗宾斯 ‖ 布洛 ‖ 肖文 ‖ 弗里德曼 ‖ 布林德 ‖ 米塞斯 ‖ 贾斯特拉姆 ‖ 厄尔布 ‖ 克鲁格曼

通货膨胀指代价格的持续增长和生活成本的上升。对个人而言，通货膨胀意味着价格的上升和储蓄价值的下降。从大卫·李嘉图到米尔顿·弗里德曼，经济学家一致认为，通货膨胀对个人和经济整体都带来了严重的损失。但是关于应对通货膨胀的现实，经济学家能给我们什么建议呢？

与当时的流行观点相反，**约翰·梅纳德·凯恩斯**写了大量关于通货膨胀危险性的文章。他声称通货膨胀实际上是在对原始纸币持有者征税的一种形式。换句话说，如果你拥有大量现金储备，通货膨胀将稳步降低你的货币价值。每年10%的通货膨胀率意味着你床下的现金在12个月内会少买10%的商品。考虑到通货膨胀会侵蚀你储蓄的实际价值，对它的第一反应是试图通过投资，如住房、股票或商品来减少损失。这些资产的价格有望随着通货膨胀而增加，从而维持你财富的购买力。

凯恩斯的同时代学者**欧文·费雪**提出了一个简单的方程（后来被称为费雪方程）：实际利率等于名义利率减去通货膨胀率。费雪方程的重要性在于，如果名义利率高于通货膨胀率，那么将货币存入银行账户将保护其价值。例如，如果名义利率为8%，通货

费雪方程

> 通过持续的通货膨胀，政府可以秘密地、不被注意地没收公民财富的一个重要部分。
>
> ——约翰·梅纳德·凯恩斯

膨胀率为5%，那么实际利率为3%，因此该账户中的货币实际上会增值。在这种情况下，应该把现金存入银行账户，而不是放在钱包里。如果能获得正（大于零）的实际利率，那么你的储蓄将受到保护，但情况并非总是如此。在2009—2016年长期的经济萧条和流动性陷阱（利率接近于零）期间，许多西方经济体的利率仅有0.5%，但通货膨胀率飙升至3%—5%。在这种情况下，通货膨胀会使储蓄者的境况恶化。

对付这种情况的通常建议是投资资产：房地产、股票、债券和黄金。美国经济学家**马丁·费尔德斯坦**（Martin Feldstein，1939—2019）调查了美国通货膨胀造成的影响，发现其虽然阻碍了储蓄，却促进了房地产市场的活动。在通货膨胀时期，房价往往会上涨，并提供内在的财富储备。此外，如果你借钱（通过抵押贷款）买房子，通货膨胀将有助于降低你抵押贷款债务的实际价值，也就是说，通货膨胀能够回报借款人。

应对恶性通货膨胀

如果3%—5%的通货膨胀率相对可控，那么20%—40%以上的通货膨胀率又会如何？这种情况曾在阿根廷和俄罗斯等新兴经济体发生过。费尔德斯坦在谈到阿根廷的成本时曾评论道，由于无法保证未来的支出，高通胀摧毁了人寿保险市场。他指出，高通胀鼓励人们持有那些有着较低通胀历史的外币储蓄（如美元）。但是，如果资本管制阻止人们购买外币，他们就需要找到更有创意的方法来保护自己的财富。例如，在阿根廷，人们可以通过购买新车来保值，而不是将钱存入银行。尽管一辆车在购买后会损失20%的价值，但这比把钱存在阿根廷银行更能保值。

阿根廷已经经历了40%的通货膨胀，但是我们该如何在恶性通货膨胀中生存下来呢？比如津巴布韦（2000年）和德国（1923年）？凯恩斯和费雪应该很清楚德国恶性通胀的破坏性代价。有一个虚构的故事，讲述了一个记者走进一家咖啡店，他看着菜单，一杯咖啡要5 000马克。一小时后，当他喝完了两杯咖啡，服务员给他开了一张14 000马克的账单。这位记者在点第二份咖啡之前没有看菜单，在他喝咖啡的时间里，咖啡的价格飙升了近一倍！在这种恶性通货膨胀的极端情况下，你一旦拿到报酬，就要立刻开始花钱。

莱昂内尔·罗宾斯（Lionel Robbins，1898—1984）等经济学家研究了1923年德国的恶性通胀，他们发现，通胀消灭了许多储蓄账户。当老师们在上午10点拿到工资时，亲戚们就会来到学校，替他们把工资花掉，因为等到这一天结束后，他们将什么也买不起了。罗宾斯指出，唯一从高通胀中受益的群体是那些拥有实物资产和实物资本的人，比如拥有工厂的实业家。如果公司提高价格的速度快于工资，那么他们就有机会增加利润。因此，在通货膨胀时期，购买股票是保持财富的有效途径。

杰里米·布洛（Jeremy Bulow，1954—　）和**约翰·B. 肖文**（John B. Shoven，1947—　）在一篇论文中指出，通货膨胀往往会导致公司利润的上升，因为高通货膨胀降低了债务的实际价值，所以公司的借贷成本实际上降低了。正如罗宾斯所指出的，即使在1923年的德国恶性通货膨胀期间，股价涨幅也与通胀率相当，甚至超过了通胀率。在德国恶性通胀期间，股票是一项不错的投资。

然而，**米尔顿·弗里德曼**等其他经济学家警告称，尽管通胀可能会暂时提高利润，但从长远来看，它也会造成不确定性，阻碍长期投资，从而损害经济活动。因此，弗里德曼对于在高通胀时期投资股市会更加谨慎。

经济学理论

通货膨胀降低了货币的实际价值。因此，储户必须确保维持正的实际利率或寻找其他形式的投资，如黄金或股票。

而且，这也取决于通货膨胀的类型。美国经济学家**艾伦·布林德**（Alan Blinder，1945—　）指出，1970年代的全球通胀主要是由成本推动因素（导致公司成本增加的因素，如原材料和能源价格上涨，以及工资成本）造成的。在这种情况下，公司将不会从上涨的价格中获益，因为成本可能会比他们可以收取的价格上涨得更快。

黄金作为对冲通胀的工具

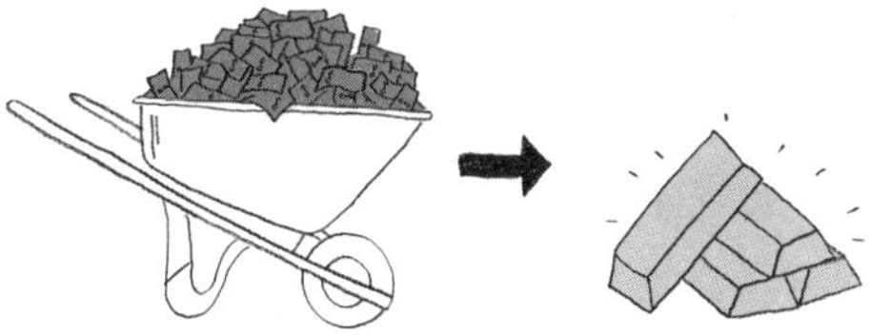

在恶性通货膨胀期间，试着把钱转换成资产（如果可以的话）

黄金经常被作为一种很好的对冲通胀的工具。**路德维希·冯·米塞斯**是奥地利学派的杰出追随者。奥地利学派支持自由放任经济，即不受政府干预的市场。该学派认为，通胀的一个主要原因是利率过低导致信贷泡沫和货币供应上升。冯·米塞斯主张回归金本位，因为黄金避免了与法定货币（纸币）相关的通胀成本。他指出，黄金具有内在的财富，作为公认的交换手段有着悠久的历史；此外，它作为财富和安全的象征具有强烈的情感意义。鉴于现代法定货币面临通货膨胀的可能性，支持奥地利经济学派观点的分析师经常建议购买黄金，以此作为储存财富和避免货币贬值的一种手段。其逻辑是，政府总是可以印更多的钱，但不能印更多的黄金。

然而，1977年出版的颇具影响力的著作《黄金常数》（*The Golden Constant*）的作者**罗伊·贾斯特拉姆**（Roy Jastram, 1915—1991）指出，从历史上看，黄金在短期内对通胀的对冲效果并不好。它确实倾向于在长期内保持其价值，但长期可能意味着一百年！黄金尽管保值，但并不提供利息，而且通常没有股票表现好。《黄金困境》（*The Golden Dilemma*，2012）的合著者**克劳德·B. 厄尔布**（Claude B. Erb）对投资黄金做了类似的观察。他指出，在1980—2000年间，当巴西的通货膨胀率为100%时，持有现金将导致财富减半。但由于在此期间全球黄金价格下跌，

> 黄金的回归并不取决于某些物质条件的满足。这是一个意识形态问题。它的前提只有一件事：放弃增加货币数量所带来的繁荣幻觉。
>
> ——路德维希·冯·米塞斯

持有黄金仍然会导致你的财富大幅下降。换句话说，黄金并不能保证对冲通胀。

期望的作用

米尔顿·弗里德曼研究了通货膨胀的影响如何取决于它与预期相比的表现。本质上，如果通胀高于你的预期，它往往会让储蓄者受到损失。在1970年代早期的美国，如果你预期通胀率较低，比如说4%，你会很乐意以6%的利率购买政府债券，因为实际收益率为2%。不幸的是，在那个时期，通货膨胀率比大多数人预期的要高得多。由于通货膨胀率高达10%—20%，购买债券的人会发现债券的实际价值下降了。问题在于，想要预测未来的通胀并非易事。弗里德曼建议，看看政府是否存在巨额预算赤字，是否愿意增加货币供应；如果答案是肯定的，则很可能发生通胀，最好购买指数挂钩债券（自动与通胀挂钩的债券）。

货币主义理论（monetarist theory）认为，稳定经济的主要方法是控制货币供应量（流通中的货币数量）。然而，该理论也无法预测通胀将如何表现。2008—2009年，高油价导致通货膨胀率暂时上升，而经济衰退又导致美国和英国政府通过量化宽松政策增加货币供应。如何应对这种不受欢迎的通胀与衰退的结合？一些投资者利用货币主义模型预测了高通胀，并建议购买黄金。但是，尽管货币基础增长了两倍，通货膨胀也没有发生。此外，2012—2016年间，金价持续下跌。

美国经济学家兼记者**保罗·克鲁格曼**（Paul Krugman，1953—　）一直批评那些夸大了21世纪前十年通胀恐惧的人。他解释说，在经济萧条（GDP/产出下降）和流动性陷阱的情况下，增加货币供

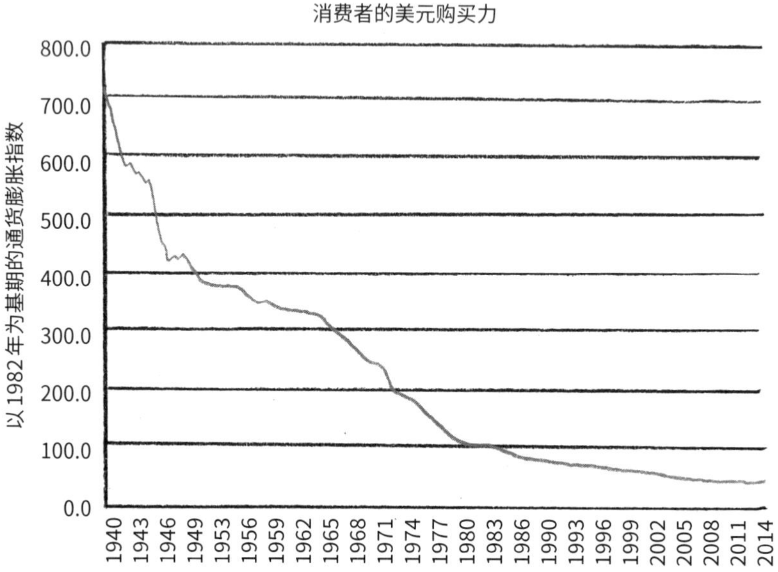

通货膨胀是如何侵蚀货币价值的：这意味着1美元可以购买的商品越来越少

应不太可能导致通胀。通货膨胀对储蓄者来说代表着巨大的风险，但是在流动性陷阱中，克鲁格曼建议不要屈服于过度的恐惧。

抉择时刻

在通货膨胀时期，冯·米塞斯可能会建议持有黄金作为一种对冲通胀的投资。然而，费尔德斯坦等其他经济学家认为，购买股票或房地产将获得更好的回报。

通货膨胀是没有立法的税收。
米尔顿·弗里德曼

小企业怎样才能赚到更多的利润?

熊彼特‖德鲁克‖艾瑞里‖赫希曼‖霍维茨‖杰文斯‖马歇尔‖塞勒‖哈福德

经营一家小企业非常具有挑战性，据统计有将近50%的小企业在开业第一年就倒闭了。如果你的小企业面临利润下降甚至倒闭的危机，传统经济学理论和行为经济学的最新洞见能为如何扭亏为盈并提高盈利能力提供一些实用的建议吗？

奥地利裔美国经济学家**约瑟夫·熊彼特**（Joseph Schumpeter，1883—1950）提出了一个颇具影响力的概念，即创造性破坏（creative destruction）。它观察了在资本主义经济中，市场是如何不断变化的。

言下之意是，企业永远不能满足于它们的既有成就。市场、技术和消费者偏好的变化如此之快，以至于以前成功的企业可能很快就会变得落后。任何未能适应和跟上潮流的情况，都意味着企业可能突然就会无利可图。熊彼特将“破坏过程”视为增长的积极引擎。对于一个企业来说，要保持盈利，就需要愿意做出持续的变化。比如，用自动化技术取代工人，或者提供新的产品线。跟不上新技术变化的小公司可能很快就会发现自己陷入了困境。与上述观点相似，奥地利裔美国管理顾问**彼得·F. 德鲁克**（Peter F. Drucker，1909—2005）认为，对陈旧做事方式的依恋可能是小企业的主要绊脚石。

企业可能遇到的一个困难是对创造不了利润的老员工或陈旧做事方式的情感依恋。这就是为什么引入一个外部顾问是有用的，他可以倡导彻底的变革而不受情感依恋的束缚。熊彼特给我们的教诲是，你必须驾驭创造性破坏的浪潮，站在变革的前沿。

提高员工积极性并发现问题

然而，尽管激进的重组方法在某些时候可能会有所帮助，但行为经济学家**丹·艾瑞里**声称，一家成功的企业需要能够激励员工，不是通过裁员威胁，而是通过培养员工对工作的责任感、信任感和自豪感。好消息是，你不一定要付出高额奖金。艾瑞里认为，财务激励只是一个非常有限的激励因素，不仅可能是不必要的，而且可能会适得其反。即使是非常简单的表示感谢的行为，也可能为员工士气和业务盈利能力带来奇迹。

与熊彼特形成鲜明对比的是，德国裔美国经济学家**阿尔伯特·O. 赫希曼**（Albert O. Hirschman，1915—2012）对创造性破坏过程持怀疑态度。熊彼特认为企业能够感受到偏好变化的风向标，而赫希曼则认为企业很容易错过重要的信号。他认为，消费者主要使用两种策略：话语权和退出。如果人们对垄断企业不满，他们可能会抱怨，因为别无选择。然而，抱怨需要付出努力和成本；大多数消费者更愿意简单地退出，悄悄转移到其他地方。这意味着，在竞争激烈的市场中，企业可能会在不知道原因的情况下失去客户群。

经济学理论

行为经济学的经验表明，利用诸如更改消费者购物默认选项之类的微小变化，可以帮助企业提高盈利能力。

据说，每存在一位向企业主抱怨的客户，就还存在其他九十九位悄悄离开并转而购买其他企业产品的客户，也许他们还会向其朋友抱怨。赫

> ……不断破坏旧的，不断创造新的。创造性破坏的过程是资本主义的本质。
>
> ——约瑟夫·熊彼特

希曼认为，做好生意的秘诀是愿意发现潜在的问题并采取行动。这可能需要通过问卷调查、秘密购物者、外部顾问、倾听和回应负面反馈等途径，提前采取积极的策略。最主要的教训是要尽早行动。

在边际处做决策

美国经济学家**史蒂文·霍维茨**（Steven Horwitz，1964—2021）指出，企业可能容易受到沉没成本谬误（sunk cost fallacy）的影响。沉没成本是指我们无法收回的投资。例如，我们有一个很棒的想法，要花一万美元进行一次高级IT升级。但是，我们很快就意识到它并不起作用，导致的问题比它解决的问题更多。然而，因为我们已经花了一万美元，我们拼命想让它运转起来，以证明所有这些支出都是合理的，但这只会给企业带来更多的损失。一个更合乎逻辑的方法是忽略沉没成本，把这个代价高昂的错误一笔勾销，然后把这个问题外包给一家能够更有效地解决这个问题的公司。在日常生活中，我们可能会经常谈到“及时止损”，其原则是一样的：不要沉湎于过去，尽量在边际上做出决定（考虑你下一步行动的成本和收益）。这又回到了**威廉·斯坦利·杰文斯**的主张：忽略总成本，但要考查继续进行商业决策的边际收益和边际成本。

增加利润最简单的方法就是提高价格。然而，**阿尔弗雷德·马歇尔**在经济学中提出的一个重要概念是弹性：如果价格上涨，需求会发生多大的变化？如果你的商品有很多相似的替代品，消费者更有可能对价格敏感。因此，价格上涨可能导致总收入减少。然而，如果商品的需求是缺乏价格弹性的（通过品牌差异化），消费者将愿意支付更高的价格。如果能预先知道商品的需求是富有还是缺乏价格弹性，就可以更好地制定价格策略。

行为经济学的见解

小企业主可以从行为经济学这门相对较新的学科中学到很多东西。在《行为不端：行为经济学的形成》（*Misbehaving: The Making of Behavioral Economics*）一书中，**理查德·塞勒**被要求为一家正艰难维持运营的滑雪场提供商业建议。他建议利用心理核算来帮助提高价格，同时又不让消费者觉得自己被骗了。这个度假胜地过去每次只收一次费用。塞勒建议在通常价格的基础上降价40%，提前销售可以使用10次的季票。消费者觉得他们得到了便宜，并带来正交易效用。滑雪场可以提前拿到更多的现金（这对季度初期的现金流很有好处）。但重要的是，总收入增加了，因为实际上，大多数人并不会全部使用10张票。这里的秘诀在于，与消费者进行了一种让他们感觉自己占到了便宜的交易，但最终这为你的公司带来更多的收入。

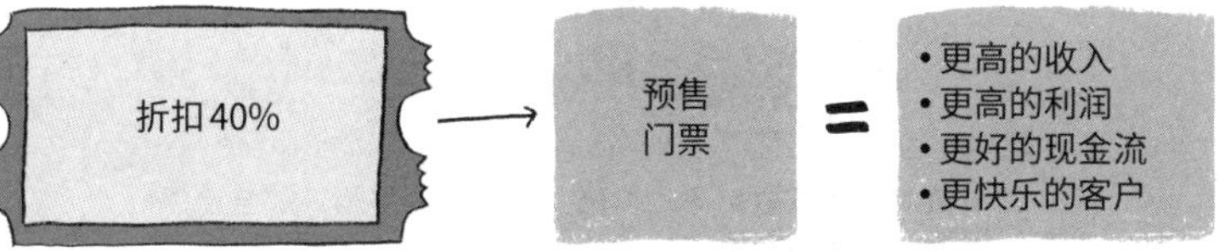

> 如果他们能给奢侈的人(或关心品质的人)开出高价,给节俭的人(或不关心品质的人)开出低价,那么他们就能同时享受两个世界的好处。
>
> ——蒂姆·哈福德

另一个概念是价格定位:如何在不疏远注重成本的消费者的情况下,让富有的消费者支付更高的价格?在《卧底经济学家》(*The Undercover Economist*)一书中,英国经济学家兼记者**蒂姆·哈福德**研究了为什么一些咖啡店在成本差异很小的情况下仍以高价出售公平贸易咖啡。原因在于,公平贸易咖啡是向那些愿意花钱的人收取更高价格的一种方式。相比之下,那些对价格敏感的人很乐意从菜单上买到便宜的咖啡。这种价格定位原则可以应用于许多不同的业务,例如,那些提供天然无加工食品或优质服务的业务。

有时候,即使是很小的事情也能产生很大的影响。理查德·塞勒注意到了默认选项的力量。要注册一项服务,公司会让它变得

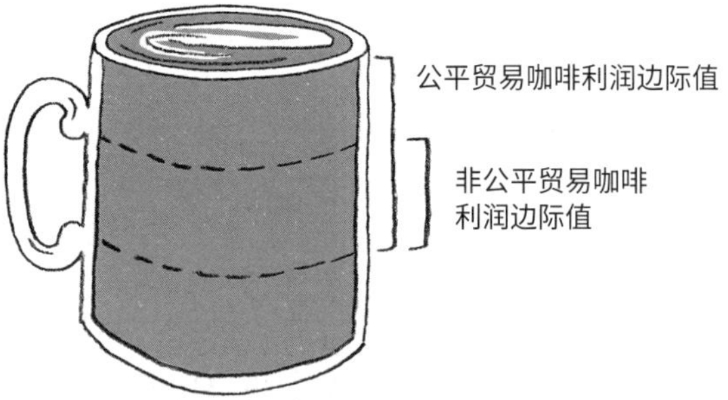

对公平贸易咖啡收取更高的价格,使公司能够瞄准那些愿意支付更高价格的消费者

非常容易，但如果你想取消订阅，就需要付出很多的努力。商业杂志《麦肯锡季刊》（*McKinsey Quarterly*）介绍了一家意大利电话公司如何做出微妙的改变，以阻止用户放弃他们的服务。最初，消费者如果想要取消服务，他们将被告知若是放弃取消，就能获得100通免费电话。这后来被更改为："我们已经将100通呼叫记入您的账户，您将如何使用这些呼叫？"这成功带来了服务取消数量的大幅下降。这是一个利用了禀赋效应的例子。如果我们被告知自己的账户中已经有了100通呼叫，我们就会变得不想取消，因为我们将失去已经拥有的东西，而在之前的方法中，我们对尚未拥有的呼叫就不会有同样的依恋。

抉择时刻

你可能会同意哈福德和塞勒关于行为经济学的洞见，努力寻找推动消费者增加花费的方法。你也可能会同意赫希曼的观点，即最重要的是倾听客户的反馈，审视自己是否犯了根本性的错误，是否被客户需求抛在了后面。然而，艾瑞里认为，最基本的问题是找到正确的方法来激励员工。

该为养老存多少钱?

马歇尔 ‖ 凯恩斯 ‖ 莫迪利亚尼 ‖ 金 ‖ 谢夫林 ‖ 塞勒 ‖ 卡尼曼 ‖ 特沃斯基 ‖ 贝纳茨 ‖ 科特利科夫 ‖ 霍尔丹

我们经常被告知要为退休后的生活存更多的钱。但是，面对捉襟见肘的账单和其他优先事项，人们倾向于推迟储蓄，充分满足当下的需求。然而，尽管有些人没有为退休储蓄足够的钱，也仍有经济学家提出警告，来自金融业的压力会迫使我们储蓄。

早期古典经济学家，如**阿尔弗雷德·马歇尔**，将储蓄视为一种美德。这在一定程度上反映了维多利亚时代节俭、勤奋和谨慎的观念，但也反映了在一个政府对老年人养老的支持要么不存在、要么不完整的时代，储蓄为老年人提供的保障至关重要。（有趣的是，阿尔弗雷德·马歇尔也警告过守财奴行为，因为后者对于“储蓄的热情近乎疯狂”。）

约翰·梅纳德·凯恩斯经常被视为第一个挑战储蓄美德的经济学家，然而，这并不完全正确。凯恩斯同时将储蓄视为一种个人美德和宏观经济的潜在问题。他的担忧被称为节俭悖论（paradox of thrift）：如果每个人在经济衰退时都增加储蓄，就会导致总需求进一步下降。但这个问题对你选择退休储蓄的最佳水平没有影响。

平滑消费

意大利裔美国经济学家、诺贝尔奖得主**佛朗哥·莫迪利亚尼**（Franco Modigliani，1918—2003）提出了所谓生命周期假说：理性的个人会试图在一生中平滑（甚至消除）他们的消费波动。换

> 经济学为财务规划行业提供了巨大的资金。但该行业忽视了经济学，为数百万美国人提供了我和其他经济学家都认为是真正糟糕的建议。
>
> ——劳伦斯·科特利科夫

句话说，在我们的工作生涯期间，把收入的一部分存起来以备不时之需，这样等退休后，我们就可以把存款取出来消费。基本原则是，我们通过为退休进行储蓄，而不是现在把一切都花掉，来获得更多的效用。这可以追溯到货币边际效用递减的原则。如果我们年轻时在满足基本的需求之后，再把剩下的收入都花光，所增加的额外满足感并不多，而当我们老了，不能工作的时候，我们可能会陷入贫困。莫迪利亚尼的理论指出，为了保证退休后的体面，我们应该在年轻时好好利用我们的收入能力，储蓄更多养老金。

在一项关于储蓄的研究中，英国经济学家、英国央行前行长**默文·金**（Mervyn King，1948— ）发现，生命周期假说反映了多数人对于储蓄的态度，但不适用于忽略养老金储蓄重要性的少数人。这一观点也得到了统计数据的证实，2016年，三分之一的美国人退休储蓄为零。

当下的力量

尽管经济理论建议理性人应该为未来储蓄，但为什么我们发现为未来储蓄如此困难？行为经济学家**赫什·谢夫林**（Hersh Shefrin，1948— ）和**理查德·塞勒**讨论了人内在的分裂人格。

经济学理论

生命周期假说建议我们在工作生涯中储蓄足够多的养老金，以保证在退休后也能维持相对平滑的消费水平。

他们认为，高级的自我关注的是长期结果，而低级的自我关注的是即刻的快乐。在做出关于储蓄的决定时，我们面临着在这两个对立面之间进退两难的境地，因而可能错误地导致储蓄不足。

与此类似，泰德·奥多诺休等经济学家指出了现期偏好在我们决策中的重要性，这意味着我们中的许多人认为现在的钱比未来的钱更有价值。离现在越远，价值越低。这可以解释为什么长期养老金储蓄可能会被短期需求所挤压。现期偏好很强时，我们的退休储蓄就会不足。

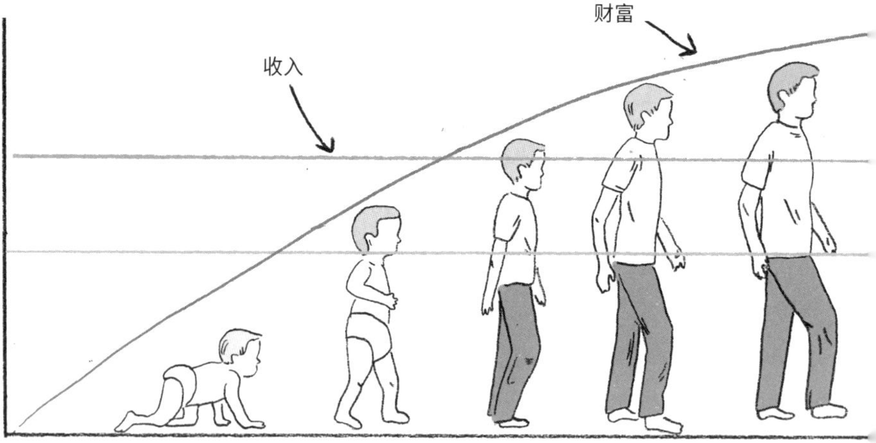

在我们的工作生涯期间，我们为退休储蓄，然后我们用这些储蓄来保证我们一生中稳定的消费

丹尼尔·卡尼曼和**阿莫斯·特沃斯基**也考虑了人们在处理涉及不确定性的决策时所面临的困难。考虑到养老金的复杂性及相关需要做出的无数选择，人们往往会制定一些简单的经验原则，而这些原则并不是建立在理性的生命周期假说之上的。在实践中，这可能会导致拖延，我们即便认为自己的储蓄太低，也会推迟执行一些看上去没有吸引力的决定，比如承诺参加养老金计划。生命周期假说假设人是理性的，但在现实中，拖延和懒惰是人性中极为强大的属性，其很容易就能导致我们的储蓄低于最佳水平。

为了克服这种对现状的偏好或对现状的偏爱，理查德·塞勒和**什洛莫·贝纳茨**（Shlomo Benartzi，1968—　）开发了一种名为“明天存更多钱”（英文缩写为“SMarT”）的新型养老金计划。其前提是，工人们承诺将钱存进养老金，但只有在未来工资上涨时才会缴纳养老金。这样做的好处是，我们觉得自己并没有实际

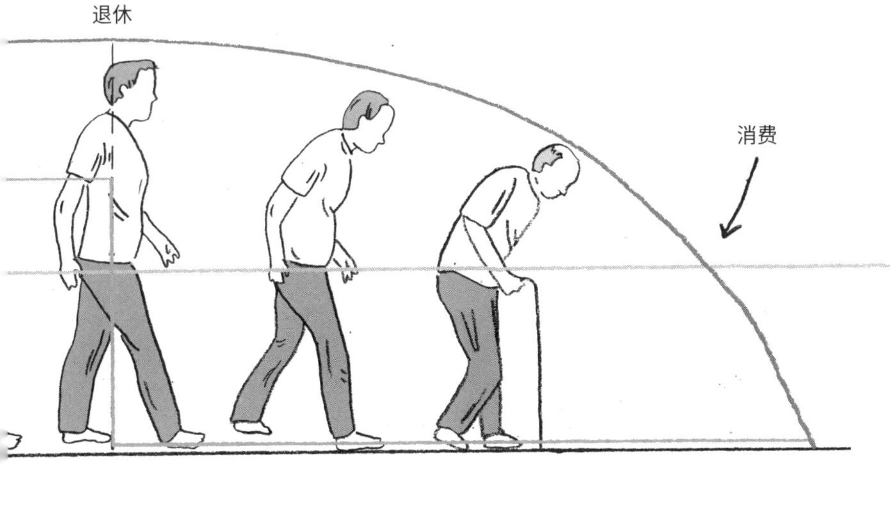

损失，我们不会牺牲目前的任何工资，只是从未来工资增加的部分中缴纳养老金。另一个好处是，一旦我们加入了这个计划，我们就会自动支付养老金，除非我们选择退出。自动支付成为默认选项，不需要我们再做额外的操作。“明天存更多钱”养老金计划的接受率一直很高，而退出率一直很低。这表明，如果放任自流不做干涉，我们可能会因为各种意外而储蓄不足，但如果存在一种有吸引力的储蓄计划，该计划能够解决我们厌恶损失和拖延的问题，那么我们就会发现养老金储蓄其实很有吸引力。

过度储蓄

虽然我们中的许多人可能都没有足够的养老金储蓄，但美国经济学家**劳伦斯·科特利科夫**（Laurence Kotlikoff，1951— ）认为，个人应该谨慎地接受养老金行业的传统智慧。他指出，关于养老金储蓄收入比例的经验法则往往被夸大了，因为养老金的既得利益者会鼓励你为养老金储蓄更多的钱，而这个数值往往超过了你退休生活的真正需要。他声称，相当于最终收入（你工作生涯最后一年的工资）的70%—85%的所得替换率（退休金与最终收入的比例），通常会超过你退休后的消费能力。

与其担心退休，年轻人应该意识到，他们生命周期的早期有更高的成本，比如买房子和抚养孩子，所有这些开支在退休后都会低得多。此外，当你年轻、行动自如时，环游世界比年老、疲

> 带着财富死去的人是可耻的。
>
> ——安德鲁·卡内基

衾时更容易。除了平滑整个生命周期的收入外，我们还应该考虑平滑整个生命周期的闲暇时间。为了在四十年后拿到一大笔养老金，每周工作七十个小时，压力巨大，这值得吗？

英国中央银行首席经济学家**安迪·霍尔丹**（Andy Haldane，1967—　）对此表示赞同。他认为养老金的存在非常令人困惑，因为房产比养老金更适合为退休提供资金。房产的价值会不断增加，如果还清了抵押贷款，就能大幅降低生活成本，而不用年老时还支付房租。

生命周期假说的另一个问题是，它假定我们在年老时会耗尽积蓄，但通常这种情况不会发生。人们往往会变得依恋财富和储蓄，并希望将其传给子女。

然而，如果我们留下大笔存款，这可能表明，科特利科夫的说法是正确的，即我们中的许多人都在过度储蓄。亿万富翁实业家安德鲁·卡内基认为，如果我们积累财富而不花出去，那只会宠坏我们的孩子。

抉择时刻

你可能同意塞勒的说法，你存在拖延症，且你的养老金储蓄并不足够。在这种情况下，可以试着寻找一种更容易存钱的方法，比如一个能克服你惯性的养老金计划。然而，你也可能更喜欢听从科特利科夫的建议，只存适量的钱，这样你就可以在年轻的时候更多享受生活的乐趣。

如何避免在金融泡沫中被套牢?

莱因哈特 ‖ 罗格夫 ‖ 明斯基 ‖ 费雪 ‖ 格林斯潘 ‖ 席勒 ‖ 凯斯

当一项资产在其价值急剧下降之前价格却迅速增加，就会出现金融泡沫。几个世纪以来，最具戏剧性的金融事件包括1720年的南海泡沫，1929年的华尔街崩盘和1990年代末的互联网泡沫。金融泡沫的一个特点是，人们在事后很容易变得明智，然而，尽管有那么多引人注目的案例，泡沫破灭仍会让许多投资者（和著名经济学家）措手不及。经济理论能为我们提供某些发现和避免泡沫的见解吗？

卡门·莱因哈特（Carmen Reinhart，1955— ）和**肯尼斯·罗格夫**（Kenneth Rogoff，1953— ）在2009年出版的《这次不同》（*This Time is Different*）一书中，通过调查过去八个世纪的大型金融泡沫，包括1637年的“郁金香热”（Tulip Mania）和2007—2008年的“次贷危机”，发现了许多反复出现的情况。其中一个特点是，一些自以为是的人，总是认为在特定情境下，他们所采用的估值规则应该异于平常。换句话说，人们觉得有某种特定的、情有可原的理由让资产的估值远远超出了通常水平。

不要随波逐流

市场的热情是具有感染力的，我们总会自觉或不自觉地追随

> 在别人贪婪时恐惧，在别人恐惧时贪婪。
>
> ——沃伦·巴菲特

所谓“群众的智慧”。这通常被称为从众行为（herd behaviour）或从众本能（herd instinct），因为跟着大多数人走是一个很容易做出的决定。我们会怀疑自己，因为我们纳闷怎么可能只有自己是对的而其他人都是错的。但沃伦·巴菲特等成功的投资者认为，要想打败市场，必须拥有一种逆势而为的态度。

接近拐点

美国经济学家**海曼·明斯基**（Hyman Minsky，1919—1996）研究了金融市场和金融泡沫。他特别指出，在经济繁荣时期，银行和个人的信贷扩张速度往往快于经济增长。良好的经济消息和高度的自信心鼓励了信贷和资产价值的增长，并导致这些资产的表面价值大于其潜在价值。换句话说，稳定本身也会导致不稳定。

然而，当经济下滑时，银行希望收回贷款，信贷的价值可能会大幅下降。从信贷扩张到信贷收缩的这个转折点，被称为明斯基时刻：正是这个时刻导致了泡沫破裂。多年来，明斯基的金融不稳定假说（上述理论的统称）在经济学领域基本处于边缘地位。一个更为主流的理论是有效市场假说（参见第164页），即市场反

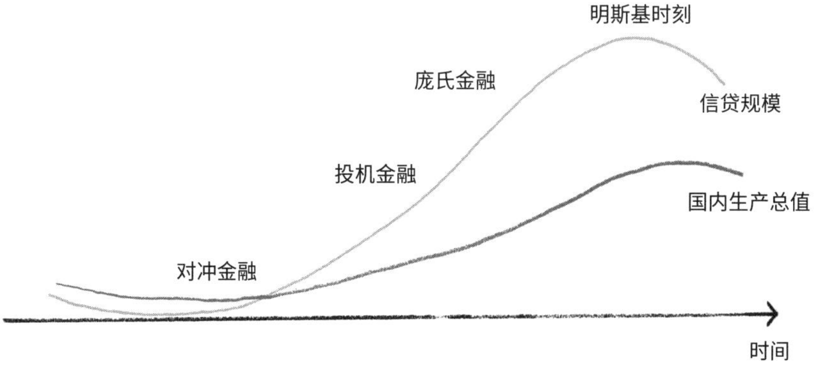

映了基于可用信息的资产真实价值。但是，2007—2008年的次贷危机让人们对明斯基理论的兴趣再度升温。

明斯基理论的实际应用是着眼于潜在价值，而不是市场发展的势头。如果你研究过1990年代互联网公司的股价，就会发现相关交易的股票市盈率（参见第167页）可谓前所未有。即使是尚未盈利的公司，其股价也在飙升。1990年代后期的市场逻辑是“这次不同”，因为互联网是一种新事物。但就在此时，网络泡沫破灭了。这次真的没什么不同。

预测未来

明斯基的研究建立在美国新古典主义经济学家**欧文·费雪**的理论基础之上。费雪提出了一个关于信贷泡沫和债务通货紧缩（一段时间的价格下跌，会导致债务的实际负担增加）的理论，来解释股市崩溃和长期的大萧条。尽管其在债务通缩方面的研究后

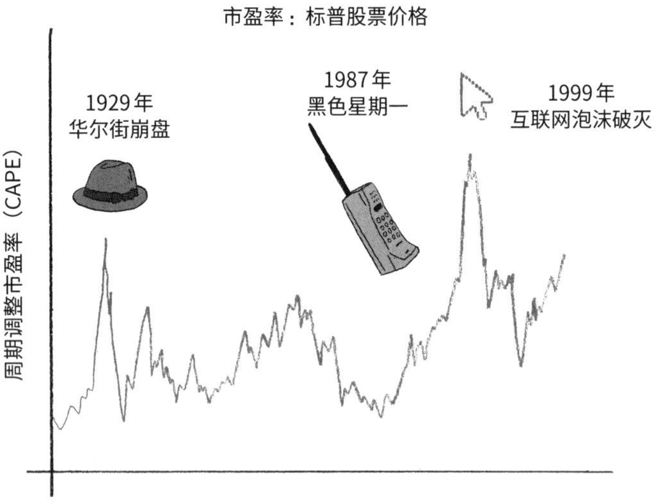

来广受赞誉，但不幸的是，他预测泡沫破裂的能力不那么有先见之明。就在1929年10月29日华尔街崩盘的九天前，费雪满怀信心地预测，价格“已经达到了一个看上去会永久持续的高位”。接下来的几个月，他一直在说，股价很快就会回升，因为它还没有达到其真正的价值。结果，他同时失去了财富和学术声誉。也许这只是运气不好，应该指出的是，他不是唯一一个在股市上输得精光的经济学家。1929年华尔街崩盘后，约翰·梅纳德·凯恩斯也蒙受了重大损失。

理性投资

在这一点上，一个很好的问题是，我们为什么不从过去有关信贷和资产泡沫的错误中吸取教训？为什么我们总是为泡沫所困？

1996年，时任美联储主席的**艾伦·格林斯潘**发表了一篇演讲，他在演讲中提出了“非理性繁荣”的警告。格林斯潘警告投资者不要被市场情绪和投资热情冲昏了头脑，因为后者已经与资产的潜在价值脱节。格林斯潘这番话的讽刺之处在于，人们经常批评他没有采取足够多的措施防止1990年代末和2000—2007年的泡沫。

美国经济学家**罗伯特·席勒**也对主流观点提出了挑战，即股市往往反映公允价值（有效市场假说）。在询问投资者购买资产的动机时，他发现，结论往往是出于情感上的因素，而不是对价值的理性评估。由于投资者的从众行为，资产价格可能与其实际价值脱节。席勒认为，一个理性的投资者应该根据预期未来股息的折现值来评估股票价值。他采用该方法分析预测，2000年和2007

年的股价被高估了。他对美国房地产市场也做过同样的分析。

席勒的研究并非没有局限性；仅看市盈率不足以预测未来股市走势。例如，美国在1949—1955年间出现了强劲的“牛市”；道琼斯工业平均指数（股票市场指数）在七年内增长了两倍，从161涨到了487。市盈率有所上升，但没有崩盘，这种上升是可持续的。即使在1929年，股价也没有我们预期的那样被严重高估。周期调整市盈率（CAPE）为32倍，虽然很高，但并不预示着未来会大幅下跌（这就是欧文·费雪认为价格会回升的原因）。1929—1932年间，美国股票价格下跌了90%，原因不仅在于股票估值过高，还在于实体经济的崩溃。

席勒与**卡尔·凯斯**（Karl Case，1946—2016）共同制定了**凯斯—席勒房价指数**（Case-Shiller home price index），认为从长期来看，美国房价总会回归到其在1890年的真实价值（这是该指数的起始计算时间）。换句话说，当实际房价上涨速度快于收益上涨速度时，这往往是不可持续的，并会导致未来房价的回调。2005年，当许多房地产投资者预测房价将进一步上涨时，席勒预计到2006年或2007年房价将大幅下跌。他基于潜在真实价值的策略在预测房地产泡沫方面被证明是有效的。美国的房地产泡沫破裂了，欧洲也出现了类似的房地产泡沫，尤其是西班牙和爱尔兰等国。

经济学理论

市场会受到非理性繁荣和过度自信的影响，因此投资者应该忽视所谓“传统智慧”，但要考虑公允价值。

席勒为投资者提供了重要的经验教训，即不要陷入时代的非理性繁荣之中，尤其是，当人们告诉你“这次不同”时，要格外小心。你如果想提高发现泡沫的能力，就需要有信心忽略当前的市场情绪。

抉择时刻

你可能会赞同有效市场假说，即与拥有相同信息的市场相比，你没有更好的机会发现泡沫。然而，你也很可能选择明斯基的观点，他认为市场经常会出错或过度发展，而一个更好的指导方式是使用长期市盈率来评估价值。

个人负债多少合适？

斯密‖李嘉图‖韦伯‖凡勃伦‖米塞斯‖艾瑞里‖克鲁格曼‖弗里德曼‖张夏准‖格雷伯‖尤努斯

尽管近几十年来GDP水平不断上升，但矛盾的是，我们也看到了家庭债务的快速增长。购买房屋的抵押贷款似乎是稳健的，但购买奢侈品的信用卡债务通常被认为是过度消费，可能会对经济发展造成损害。经济学家怎么看呢？债务的增加是经济进步的标志还是通向个人毁灭的道路？

亚当·斯密和**大卫·李嘉图**等古典经济学家一般倾向于对债务持悲观看法，尽管他们没有写太多关于个人债务的文章，因为在他们那个时代，债务问题并不那么严重。对个人债务的态度与对政府债务的态度相似。这在一定程度上反映了负债的不道德性，即担心未能偿还债务可能会损害你的道德品格。

马克斯·韦伯于1905年出版的《新教伦理与资本主义精神》在对债务的理解方面颇具影响力。他认为，资本主义的早期成功部分源于新教的勤奋、节俭和处世谦逊的伦理观。对韦伯来说，资本主义精神是一套强调勤勉和节俭的价值观。在这个道德资本主义世界里，不存在通过消费信贷融资的炫耀性消费（这是韦伯同时代的经济学家**托斯丹·凡勃伦**提出的一个术语，指的是为了给外人留下好印象而大肆消费）现象。新教伦理将储蓄置于借贷之上。即使是承担很小的债务也可能导致个人痛苦。

路德维希·冯·米塞斯也研究了债务问题。在审视欧洲社会时，冯·米塞斯强烈批评了他的奥地利同胞，他们似乎对未来并不担心，而且毫不犹豫地增加债务，以便为其当下的消费提供资金。冯·米塞斯觉得这不仅仅是一个道德问题。他认为1912—1913年的金融危机是对前几年的借款乱象的清算。

债务与人类心理

冯·米塞斯指出，个人以及（尤其是）政府，可能会被当时的情绪所左右，做出非常糟糕的跨期决策。近年来，行为经济学家提出了一些新概念，来解释为什么我们最终会陷入过多的个人债务之中。**丹·艾瑞里**在2008年出版的《怪诞行为学》一书中指出，长期以来，我们并没有做出效用最大化的理性决策，相反，我们常常被一时的情绪所驱动，特别是，人类可能并不擅长抽象的长期规划，因而最终会背上太多债务。我们总被当前重视的消费所吸引，而代价往往被推到未来。

企业可以利用人们在做长期决策方面的弱点，推出不利于经济发展的贷款。**保罗·克鲁格曼**等人在解释2007—2008年信贷危机爆发前的情况时指出，抵押贷款公司放松了抵押贷款标准，提供了极有吸引力的抵押贷款方案。这是信贷公司专门设计的起步阶段利率很低，后期利率很高的信贷产品。2000—2006年间发生的事情对借款人来说是一个很有警示性的故事。在房价不断上涨之际，借款人急于进入有房阶级的经济短视，与肆无忌惮的抵押贷款公司的掠夺性房贷结合在一起，导致人们背负了太多债务。

借款人付出的代价是巨额的抵押贷款违约费和房屋被收回。这与冯·米塞斯所担心的1912—1913年的信贷泡沫类似。

债务如何帮助人们

然而，信贷泡沫只是债务故事的一部分。在大多数情况下，个人债务可以帮助我们平滑一生的收入。

米尔顿·弗里德曼的永久收入假说（permanent income hypothesis）为债务如何应对收入波动、维持更稳定的支出水平提供了一个更有用的模型。这个模型表明，如果我们的收入由于经济衰退而出现暂时性的下降，那么通过个人贷款来维持必要的支出，并在经济复苏时偿还，这可能是合乎逻辑的。同样，12月的信用卡债务可以帮助圣诞节期间的年度支出变得平稳。对于个体户来说，当需要投资或客户延迟付款时，债务可能是维持现金流的一种必要方式。该模型表明，债务拥有明确的经济原理：通过借款来抵消收入的暂时下降。

关于个人债务，我们不应该关注它是一种美德还是恶习，而是应该关注它是否对我们有帮助。例如，韩国经济学家**张夏准**（Ha-Joon Chang，1963—　）指出，债务可以用来投资人力资本。如果我们通过贷款来攻读学位或获取技术资格，虽然短期内支出超出了自己的能力范围，但所获得的知识将使我们获得更高的终

> 对于一个身体健康、没有债务、问心无愧的人来说，还有什么可以增加他的幸福呢？
>
> ——亚当·斯密

身工资并偿还贷款。

人们倾向于认为债务/信贷是一项现代发明，但人类学家**大卫·格雷伯**（David Graeber，1961—2020）认为，债务契约先于货币和物物交换体系出现。他批评了经济学教科书假定货币是从物物交换体系演变而来的观点，并认为债务契约是人性和人类社会的基本组成部分。格雷伯指出，一些最早记录贷方和借方信息的人类文字是美索不达米亚的碑文，如欠寺庙土地租金的钱。他认为，早期人类社会把债务和礼物交换作为巩固地方关系的方法，且这个系统运行得相当好。

错误的债务类型?

经济学家关心的不是债务本身，而是错误的债务类型，比如利率非常高的贷款，类似于发薪日贷款（小额、短期贷款）等。经济学家克里斯汀·L.多布里奇发现，尽管发薪日贷款可以帮助家庭应对经济困难时期，但对那些“自我控制力”较弱、强烈偏向于日常消费的家庭来说，这种贷款的低进入门槛也可能会带来问题。此外，发薪日贷款是一种剥削形式的信贷，其年化利率为500%—900%。在这种高利率下，小额债务很容易滚雪球。例如，年化利率为390%的1 000美元发薪日贷款，如果展期一年，将需要约4 000美元来偿还利息。

鉴于需要利用发薪日贷款的人往往都很穷，他们应该普遍讨厌利率很高的贷款。然而，罗伯特·德扬挑战了传统观点，他声称，对于那些发现自己身处困境的人来说，发薪日贷款是一个理性的选择。他认为，发薪日贷款可以帮助他们避免更糟糕的情况发生，比如停车罚单升级为法庭命令。德扬还指出，调查显示许

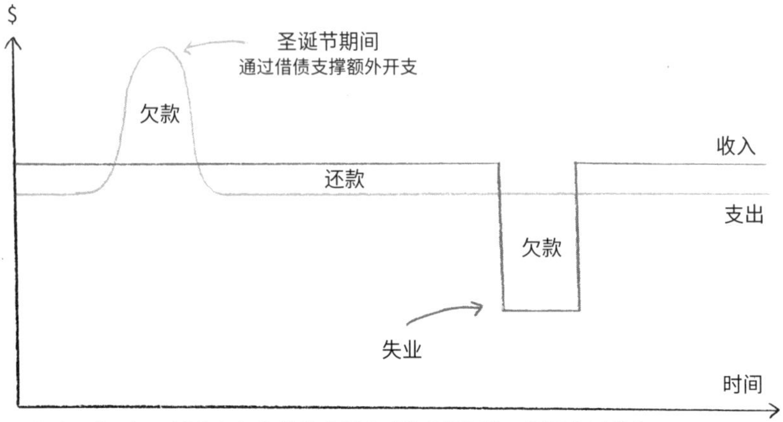

我们为承担（圣诞节期间）额外的高消费或失业期间的正常开支而借债

多申请了发薪日贷款的人正确地预测了他们需要多长时间才能还清贷款。换句话说，一些行为经济学家担心的借款人过于乐观的情况可能并不存在。德扬认为，当你没有面对借款人所处的环境时，就会过于轻易地对当事人的贷款行为提出批评。

孟加拉国经济学家、银行家、社会企业家、诺贝尔奖得主**穆罕默德·尤努斯**（Muhammad Yunus，1940—　）认为，发展中国家扩大信贷对于释放人力和社会潜力至关重要。尤努斯指出，在发展中国家，银行通常忽略了非常贫困的人（通常是女性），让他们只能从事报酬非常低的农业工作。他试图创建“微型银行”，专门向这些群体提供低息小额贷款。尤努斯声称，这些贷款的还款率非常高，并显著地改善了这些人的生活水平，因为它们使最贫穷的人也能够投资产业和提高生

经济学理论

在收入波动期间，债务可能是平滑消费波动的有效途径。

产率。他认为，以合理的利率发放信贷比慈善更有效果，因为贷款能让人们获得自尊。

抉择时刻

如果你的收入暂时下降，你可能会同意弗里德曼的观点，即借钱维持基本收入是理性的。不过，席勒会建议你要小心，不要在经济繁荣时期过度借贷。此外，如果你是借钱投资，你可能会同意尤努斯和张夏准的观点，即债务可以释放你的一些潜力。

第五章：政治

应该支持政府减税吗?

曼昆 ‖ 拉弗 ‖ 哈耶克 ‖ 克鲁格曼 ‖ 弗里德曼 ‖ 萨缪尔森 ‖ 斯蒂格利茨

降低所得税会受到欢迎有几大显著原因。首先，个人可以保留更多辛苦赚得的收入。此外，减税可以促进经济增长，刺激投资并鼓励人们努力工作。然而在支持减税前，我们应该意识到减税也会带来机会成本：更高的政府债务，更少的政府支出以及加剧不平等的可能性。关键问题是，如果没有减税，政府会把这部分财政收入用于医疗、安全和教育方面，而在减税后，我们是否能够比政府更有效率地使用这些钱?

2003年，时任美国总统乔治·布什提议降低所得税、股息税以及资本利得税。对此，450名经济学家（包括11位诺贝尔奖获得者）签署了反对减税的联名信。他们认为减税会增加财政赤字和加剧不平等，却不能增加投资。不久，又有250名经济学家写了一封意见相反的信，称减税是对财政负责任的行为，并能促进经济增长。这是一个在经济学领域具有分歧的问题。

减税的理由

经济学家**格里高利·曼昆**（Gregory Mankiw，1958—　）向布什政府提出了一个建议，他认为减税会增加高收入者工作的动

（减税提议）在财政上是负责任的，它将创造更多的就业岗位和经济增长，并为所有人都带来新的机会。

——2003年250位经济学家给布什总统的联名信节选

力，并以此为基础提出了减税的强有力理由。曼昆认为，高边际税率不利于个人和企业的工作发展，并导致了无谓的由产出损失造成的净福利损失。

你若是对曾投票支持减税感到内疚，或许可以这样安慰自己，如果减税能激励创业并提高生产力，那么受益的将不仅仅是你个人而是整个经济。曾担任里根总统预算主任的大卫·斯托克曼曾经这样说过，减税的好处在于将“涓滴”惠及经济中的每一个人。如果一个企业家得到减税，就可以进行更多的投资，创造更多的就业机会，因此从理论上讲，每个人都会受益。

美国经济学家**阿瑟·拉弗**（Arthur Laffer，1940—　）曾为里根政府和唐纳德·特朗普在2016年的总统竞选提供咨询。拉弗对减税的理由做了进一步的解释，他认为，减税可以增加税收总额。一个很有名的故事是，他在餐馆里用餐巾纸的背面画了一张简单的图表。他的逻辑是，如果边际所得税税率是100%，就没有人会工作，因而政府就不会收到任何税收。因此，如果将税率降低到90%，更多的人会选择工作，而政府也会获得更多的所得税收入。拉弗提出了一个非常有吸引力的政治主张：削减所得税税率，将会增

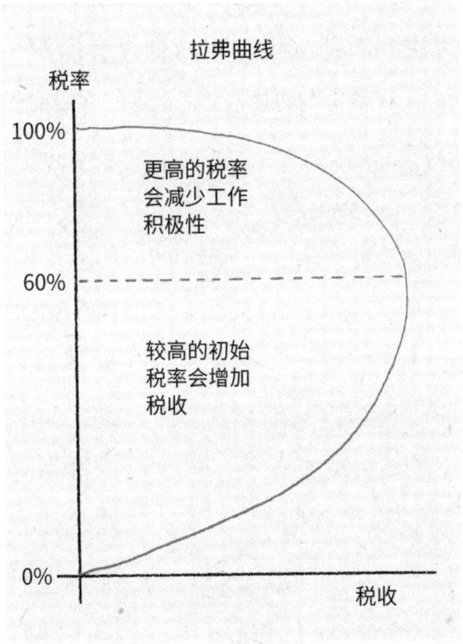

加所得税收入。“鱼与熊掌”可以兼得！毫不奇怪，罗纳德·里根本就是一个想削减税收的保守派，因此说服他并不难。拉弗曲线从餐巾纸背面的图表变成了1980年代美国边际所得税税率下调的正当理由。

弗里德里希·哈耶克等自由市场经济学家认为，政府的大多数支出往往效率低下，因此减税能够减少经济上的浪费和专横的政府干预，并允许个人在工作回报中保留较高比例的报酬。

到目前为止，我们有一个相当令人信服的经济理由支持减税，再加上个体本身会倾向于减税的自然偏好，这使得投票支持减税显得非常有吸引力。然而，也有其他经济学家持不同观点。

反对减税的理由

首先，一些经济学家质疑减税实际上会增加政府税收收入的说法。布什减税政策的批评者**保罗·克鲁格曼**在2007年提出，减税本身就能增加税收完全是一种幻想。

经济学理论

所得税的削减可以激励人们努力工作，但也可能导致较低的税收收入和政府削减开支的机会成本。

确实存在一些反对减税的理由。拉弗曲线可能适用于90%的税率，但美国和欧洲的边际所得税税率接近35%—50%。你不能一边继续降低税率，一边希望人们会相应地增加平均工作时间。尽管由于替代效应，较低的税率使工作比休闲更具吸引力，但仍然存在收入效应（参见第123页）。如果税率降低，你可以通过减少工作时间来获得你的目标收入。因此，不能

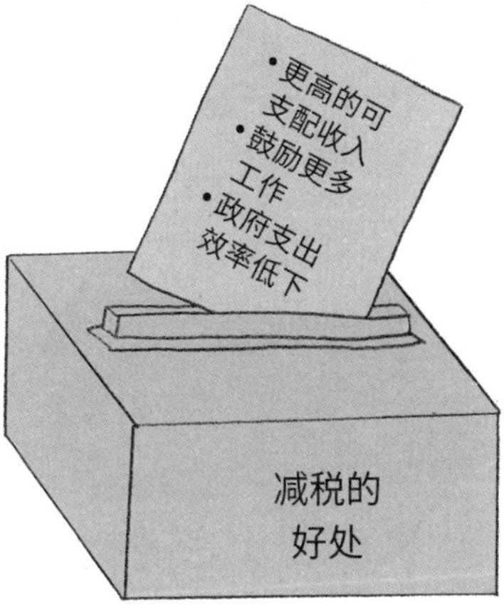

保证每个人都会通过增加工作来应对减税。

更重要的是，我们必须记住，削减所得税是有机会成本的，即政府支出减少或政府借贷增加。正如自由市场经济学家**米尔顿·弗里德曼**所言，政府支出水平是真实税收水平的真正指南。换句话说，短期内降低所得税可能看起来颇具吸引力，但如果不削减支出，政府将如何获得资金？如果减税与降低支出不能达到平衡，则会导致更高的政府借贷，那么减税可能只是暂时的；从长期来看，可能又不得不提高税收来偿还借款。如果你投票支持减税，问题在于从长远来看减税是不是可持续的。

我们可能希望政府减税，但是我们会想要政府因减税而削减支出吗？我们能比政府更有效率地利用减税给我们带来的额外资金吗？如果减税，政府可能就没有那么多钱进行道路维修。因此，减税的机会成本就是道路上会有更多的坑洼，而我们则需要

“供给侧学说”曾毫无根据地宣称税率减低会带来税收总量增加，但其在专业经济研究领域从未得到任何支持，即使在保守派中也是如此。

——保罗·克鲁格曼

在车辆维修上花费更多钱。**保罗·萨缪尔森**和**约瑟夫·斯蒂格利茨**等经济学家提醒我们，自由市场在修建道路、国家安全和治安维护等公共领域效率低下。在这种情况下，所得税减免是一种错误的经济政策。我们在所得税上省了钱，却不得不在过去由政府免费提供的服务上多掏腰包。

谁将会受益?

另一个需要扪心自问的相关问题是，你是否真的会从减税中受益。所得税是一种累进税，富人缴纳的税额占总税额的比例较高。根据税收政策中心的数据，2004—2010年间，收入最高的1%的人税后收入增长了6.6%。相比之下，最贫穷的10%的人税后收入仅增长了0.5%。从个人利益来看，如果你收入很高，所得税减免将使你受益巨大。如果你的收入很低，则获益甚微。

北欧的做法

关于所得税减免的最后一个考量在于比较不同的国家。北欧国家有较高的所得税（超过50%），因此他们能负担得起慷慨的福利国家制度。这些国家在第二次世界大战后也取得了强劲的经济增长。相比之下，美国的税率较低，但没有全民医保体系，因此，除了所得税外，美国工人和公司还必须支付医疗保险。不管怎样，北欧国家的民众往往在幸福指数中给自己打很高的分。在你投票赞成削减所得税之前，先问问自己哪个制度对你更有吸引力：是北欧这种高税收、高福利的国家，还是像美国这样低税收、更倾向于自由市场的国家？

抉择时刻

拉弗和曼昆为支持减税提供了很好的理由：改进的激励措施会提高生产率，促进经济增长，也意味着你会得到更多的钱。然而，你可能会同意克鲁格曼的观点，即减税不会带来“供给侧奇迹”，还将意味着医疗和交通等公共服务质量的下降。没有机会成本的减税是不存在的。

是否应该抵制血汗工厂的产品？

克里斯托夫 ‖ 克鲁格曼 ‖ 萨克斯 ‖ 库兹涅茨 ‖ 波林 ‖ 埃文斯 ‖ 阿克洛夫 ‖ 巴格瓦蒂 ‖ 鲍威尔

在我们这里，很多人会抵制由发展中国家的血汗工厂生产的衣服和商品。相关活动人士声称，购买那些违反基本劳工标准、工资极低的工厂生产的廉价服装是错误的行为。然而，经济学家指出，尽管以西方的标准衡量，血汗工厂工作条件很差，但其提供的岗位比工人们能够得到的其他就业机会要好。而且，这些工厂能在低收入国家的经济发展中发挥重要作用。

普利策奖获得者、美国作家**尼古拉斯·克里斯托夫**（Nicholas Kristof，1959—　）承认，他曾对血汗工厂的条件感到震惊；但在东亚生活了许多年后，他意识到，对于很多人来说，其他的选择是拿着更低的工资做着更不稳定的工作。因此，尽管他理解人们对工人工作条件的担忧，但直截了当地禁止血汗工厂剥削劳动力的运动，可能会让工人被迫从事更糟糕的工作，比如每天以不到一美元的报酬在垃圾场清理垃圾。

保罗·克鲁格曼也提出了类似的观点，他问道，为什么在替代选择更糟糕的情况下，我们仍对血汗工厂的高强度工作感到震惊。克鲁格曼指出，我们对血汗工厂的厌恶，可能是因为我们从这种劳动中受益；我们会感到不舒服，是因为察觉到了“我们的

> 我担心的不是血汗工厂太多，而是太少了。
>
> ——杰弗里·萨克斯

衣服是某人通过极低的报酬制造的”。然而，如果我们抵制来自血汗工厂的劳动成果，这可能会让我们希望帮助的人变得更穷。

克鲁格曼并不支持血汗工厂的老板。他认为，这些人往往是“贪婪的地方企业家，他们唯一关心的是利用廉价劳动力榨取利润”。但是，正如他所指出的，对于印度贫困的父母来说，让孩子做童工的替代选择可能不是教育，而是卖给乞讨集团，在那里，孩子们甚至可能被人为致残以便成为更有利可图的乞丐。问题在于，尽管我们不支持这些血汗工厂的恶劣条件，但工人们的其他选择可能会更糟。

血汗工厂对经济发展是必要的吗？

此外，曾做过两任联合国秘书长的特别顾问的**杰弗里·萨克斯**认为，血汗工厂可能是经济发展的一个必要阶段。如果能够提供制造业的工作机会，就可以减轻土地的压力，同时也有助于提高农业工资。他还指出，很多现在被认为是发达的国家和地区，如韩国和新加坡，都经历过血汗工厂阶段，该阶段使整体生活水平上升并最终改善了工厂环境，就像西方世界在19和20世纪之交所经历的那样。萨克斯认为，对非洲来说，摆脱“令人不堪重负的农村贫困”的最好办法，就是鼓励建设血汗工厂，后者能为那些依靠令人难以置信的低收入和不稳定的自给自足农业生存的人提供更多的选择。

然而，并非所有经济学家都相信支持血汗工厂的好处。俄裔美国诺贝尔经济学奖得主、统计学家**西蒙·库兹涅茨**（Simon Kuznets，1901—1985）认为，快速工业化不能保证经济发展成果的公平分配。那些经营血汗工厂的公司可以通过剥削工人而获得垄断利润。他指出，通过适当的劳动法、工会和规章，血汗工厂的条件可以得到改善，且不会阻碍经济发展。

美国经济学家约翰·米勒也批评了主流经济学对血汗工厂的看法。他认为，相关活动人士向跨国公司施加压力，要求其改善工作条件和薪资水平是正确的，尤其是当有证据表明工人受到“非法收取罚款、没收身份证和殴打”等一系列虐待时。米勒还引用了一些调查研究，后者表明，消费者愿意支付一小笔额外费用，为血汗工厂的工人创造更好的工作条件。

我们应该争取更高的工资吗?

美国经济学家**罗伯特·波林**（Robert Pollin，1950—　）的一项研究发现，美国服装零售价格只需要上涨1.8%，就能覆盖墨西哥服装业血汗工厂工人100%的工资增长。这意味着，一件休闲衬衫的价格从32美元升至32.5美元，可以有效改善血汗工厂工人们的待遇。如此一来，消费者可以两全其美：既能买到发展中国家

你会额外支付50美分，以提高血汗工厂工人的工资和工作条件吗?

反血汗工厂运动正在采取建设性的措施，以期改善全世界数百万穷人的生活和工作条件。

——罗伯特·波林

生产的便宜衣服，同时也能知道他们的衣服不是“不公平低工资”的结果。

古典经济学家告诫道，高工资可能导致失业。但这假设了劳动力市场是静态的。美国政治社会学家**彼得·B. 埃文斯**（Peter B. Evans，1944—2012）指出，更高的工资会提高经济支出水平，并增加总需求。这条通往发展的“大道”可以比仅仅依靠超低工资压榨劳动力更快地提高生活水平。

推动提高工资的另一个理由来自效率工资理论。**乔治·阿克洛夫**认为，如果工人因长时间工作而营养不良、疲惫不堪，更高的工资可能有助于提高生产率，因此提高工资不会像企业或经济学家担心的那样适得其反。

然而，也有经济学家对工资上涨将自动导致福利增加的观点提出了警告。首先，正如印度裔美国经济学家**贾格迪什·巴格瓦蒂**所说，如果工资上升到我们所谓最低生活工资（一个人需要支付基本生活费用的数额）水平，那么这个国家的竞争优势可能会丧失。如果我们为加纳这样一个非常贫穷的国家支付最低生活工资，这可能会鼓励相关公司将生产转移到马来西亚这样一个资本密集度更高的中等收入国家。换句话说，我们提高加纳贫困工人工资的良好意愿可能会导致相关工作岗位的流失。美国经济学家**本杰明·鲍威尔**（Benjamin Powell，1978—　）指出，维权组织

“良心商店消费者指南”（Shop with a Conscience Consumer Guide）列出了41家获批的无血汗工厂，但其中29家位于美国和加拿大，只有1家位于亚洲。如果这类工厂不能建在最贫穷的国家，就无法帮助最贫困的阶层。

此外，将工资提高到高于市场均衡（供给等于需求）的水平，可能导致意想不到的后果。克里斯托夫在柬埔寨的发现表明，向血汗工厂的工人支付高于市场均衡工资的善意行为，往往会导致那些掌管工作岗位的人向工人索取极高的费用来换取该工作。

反血汗工厂运动能改善现状吗?

似乎有充分的经济理由对那些可能导致血汗工厂关闭的运动保持谨慎。然而，在我们屈服于无情的市场力量逻辑之前，考虑一下丹尼斯·阿诺德和劳拉·哈特曼的一项研究。他们记录了在公众舆论的压力下，大型跨国公司如何自愿采取措施，在不损害竞争优势的情况下改善工人工作条件。他们特别指出，制鞋企业阿迪达斯和耐克都已经改变了其生产技术。这些跨国公司不仅仅是将生产外包给成本最低的供应商，而且还承担起了在工人工作和工资不受影响的前提下，改善其工作条件的责任。当发现他们在越南的工厂严重依赖童工后，他们要求供应商为孩子们提供教

经济学理论

以我们的标准来看，血汗工厂的工作可能显得非常艰苦，工资也很低，但在贫穷国家的人们看来，这份工作比他们能够得到的其他所有工作机会都要好。这就是为什么人们愿意在血汗工厂工作的原因。

育并让工作变得更有保障。

此外，阿诺德和哈特曼指出，相关工作条件的改善可以带来数之不尽的好处：有助于保持盈利能力，员工的工作效率会更高、对公司更忠诚，而且更好的工作环境可以为公司提供一个独特的卖点，或者至少可以避免恶劣的工作条件损害公共关系。换句话说，抗议和抵制运动的威胁能改变企业的态度，大型跨国公司会因此采取更好的改进方式，且这种改进方式不会导致工人失业或被迫选择更糟的替代性工作。

抉择时刻

人们很难不同意保罗·克鲁格曼的观点，即对血汗工厂商品的完全抵制将导致血汗工厂关闭，这很可能会使受影响的工人境况变得更糟。然而，阿诺德和哈特曼的研究提出了一种更加巧妙的方式，即向跨国公司施加压力，促使其改善血汗工厂的工作条件，这有助于提高发展中国家工人的福利，并让我们对进口的服装感觉更好。

政府应该救助濒临破产的本土企业吗?

哈耶克 ‖ 熊彼特 ‖ 托马 ‖ 萨默斯 ‖ 克鲁格 ‖ 克鲁格曼 ‖ 弗里德曼

一家本地大企业破产会导致工人失业、居民生活水平下降,这是巨大的代价。几乎一夜之间,繁华的地区就会变成鬼城。面对这种预期,我们可能会希望政府提供补贴以防止这些陷入困境的公司破产,这种想法是合乎情理的。然而,经济学家们普遍认为,补贴浪费了纳税人的钱来支撑效率低下、日渐衰落的企业,且仅仅只是推迟了后者破产倒闭的时间。

许多经济学家赞成让衰败的公司破产这一观点。**弗里德里希·哈耶克**认为,政府对工业的干预注定会失败,因为政客们采取的举措仅仅是对短期政治压力所做出的回应,而不是依据经济逻辑。例如,一旦政府开始干预,他们会觉得有义务防止失业,即使这意味着让工人继续从事效益低下的工作。1920年,英国煤炭业雇用了120万名矿工。2010年,这个数字降到了5 000。哈耶克认为,这种势不可挡的、不可避免的经济变化,不是政府补贴所能遏制的。对哈耶克来说,企业面临倒闭可能是不幸的,但如果政府为了克服市场力量而孤注一掷地进行干预和浪费资金,那就更不幸了。

约瑟夫·熊彼特也提出了类似的观点。事实上,他认为对经济而言,效率低下的公司尽快倒闭是最好的事情,因为淘汰失败的公司能让效率更高的企业取而代之。熊彼特将这个过程称为创造性破坏(参见第178页)。因此,比起对一家老棉花公司的倒闭感到难过,我们更应该高兴的是,将会有更高收入的工作岗位取代前者。如果这听起来冷漠无情，熊彼特可能会问你，你是否真的更喜欢一百年前在你的家乡能找到的低薪工作？

缓和企业倒闭带来的冲击

然而，这种对衰落产业的放任政策（不进行政府干预）的问题在于，该政策对那些陷入失业困境的人来说显得非常无情。对于那些直接受到失业影响的人来说，听到一位经济学家宣称，从长远来看，关闭这家工厂将使经济效率最大化，并不能让他们感到安慰。像**马克·托马**（Mark Thoma，1956—　）这样的经济学家采取了一种更巧妙的方法，他们认为政府补贴和税收抵免可以有效帮助那些正在经历产业结构快速变化的地区。如此一来，政府干预就可以减少工业衰退和结构性失业的局部成本。对于一个失业的前汽车维修工人来说，在没有外部帮助的情况下接受再就业培训，然后在一个新兴行业找到一份新工作是很困难的。政府给予补贴帮助失业工人重新安置和进行再就业培训，能更有效地控制这种衰退。

大多数经济学家反对政府对衰退行业的支持，但也有例外。例如，2008年美国汽车工业陷入危机，两大汽车公司通用汽车和克莱斯勒面临破产。预计经济成本将非常高，不仅是汽车行业的就业损失，还包括相关服务业的所有连锁反应。

曾在美国财政部和世界银行担任高级职位的美国经济学家**拉里·萨默斯**（Larry Summers，1954—　）考察并分析了美国汽车行业的状况，以及政府干预与放任政策的可能结果。权衡之后，他认为政府有理由提供救助和补贴。萨默斯帮助制订了一项救助计划，允许企业有秩序地破产，且政府将提供782亿美元的补

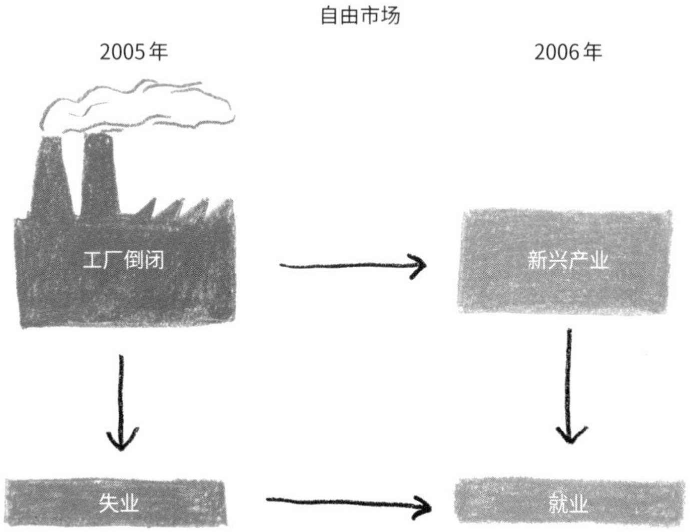

工厂倒闭会造成短期的失业问题，但从长远来看，新兴产业会创造新的就业机会

贴。财政援助为美国汽车业提供了重建和恢复的时间。就业岗位保住了，更重要的是，该行业出乎意料地恢复了盈利能力。相关企业甚至偿还了580亿美元的原始补贴。这提醒我们，处于破产边缘的公司并不一定像熊彼特所说的那样“结构效率低下，注定会衰落”。

> 对我来说，主要的教训是，在危机之中，经济政策的制定者必须采取通常不会采取的行动。
>
> ——艾伦·克鲁格

> 没有什么比临时的政府计划更长久的了。
>
> ——米尔顿·弗里德曼和罗斯·弗里德曼

虽然总是为失败的公司争取补贴是错误的，但这并不意味着我们应该永远反对补贴。美国经济学家**艾伦·克鲁格**（Alan Krueger，1960—2019）最初对政府紧急财政援助的合理性持怀疑态度。他指出，之前重组失败的尝试和销售的直线下降，表明这些企业处于长期衰退状态。不过，在援助计划取得明显成功后，克鲁格承认，援助计划比他预期的要成功，并表示，“经济学家们应该少些教条主义”。

虽然工业企业很少获得政府的经济援助，但银行往往不同。2008年雷曼兄弟获准破产时，引发了一场金融和经济危机。**保罗·克鲁格曼**认为，就银行而言，政府别无选择，只能尽力保护机构和人们对银行体系的信心。他指出，大萧条时期的最大错误是让银行倒闭，让人们对银行体系失去信心。银行可能并不值得救助，但我们救助它们是因为让银行破产的结果要糟糕得多。

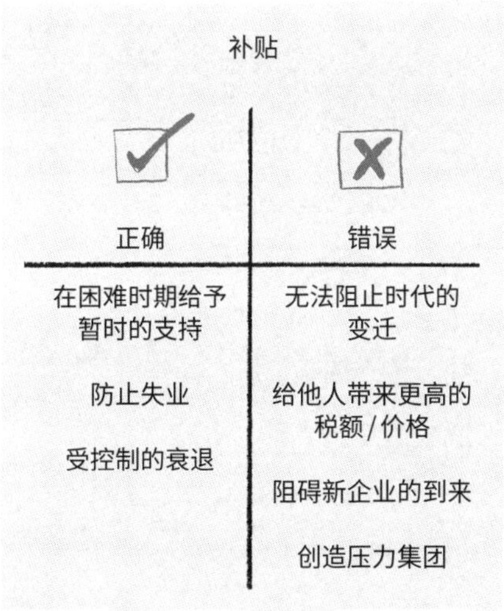

补贴的副作用

尽管一些政府补贴和紧急财政援助措施取得了成功，但其他经济学家并不信服，他们坚持认为，政府补贴开了一个很难推翻的危险先例。1930年代，大萧条导致美国农产品价格和农民收入大幅下降。考虑到农民们所承受的实际困难，联邦政府决定介入以防止人们陷入最可怕的赤贫，并首次以保证最低价格的方式来补贴农民。尽管这种干预体现了社会正义，但**米尔顿·弗里德曼**并不信服，他声称农业补贴对纳税人和消费者而言是浪费且昂贵的。弗里德曼指出，当补贴发放给农民时，它就创造了一个非常强大的政治压力集团，这些人将抱团拥护补贴政策永久持续下去。

现在，在第一次农业补贴之后很长一段时间，该计划仍在蓬勃发展。弗里德曼认为，真正的问题在于，补贴的好处对农民来说是显而易见的，而成本却更为分散，且无法被人们注意到。但事实无法改变：由于补贴，我们为食品支付了更高的价钱和更高的税收，且该政策还阻碍了创新和提高效率的措施。换句话说，弗里德曼认为，在急切地支持政府补贴之前，我们应该更多地意识到补贴给我们，以及经济体系中的每个人带来的无形成本。

> **经济学理论**
>
> 如果一个企业面临破产，自由市场经济学认为，最好的选择是让它们倒闭，让新的、效率更高的企业取而代之。

另一个支持反对政府补贴的案例是协和式飞机，这是一种由法国和英国政府赞助的豪华飞机。它拥有超音速，能以普通客机一半的时间飞越大西洋。由于其容量小、成本高，其运营一直处于低效、亏损状态，但因为之前的政治承诺，英国和法国政府不得不提供持续的经济补贴，以保持该旗舰飞机的运营。弗里德曼认为，当商务乘客在三个半小时的跨大西洋航班上享用鱼子酱和香槟时，纳税人实际上在给他们提供补贴，但这样的税金使用方式是极其低效的。

抉择时刻

米尔顿·弗里德曼提出了一个令人信服的理由，政府补贴最终总会支持效率低下的公司，这会给纳税人带来巨大的成本。不过，你可能更喜欢拉里·萨默斯的分析，他认为，在特定情况下，补贴可以帮助克服短期问题，更有效地控制经济下滑，从而减轻当地因失业带来的阵痛。

对进口商品征收关税是否对我有利？

李嘉图 ‖ 李斯特 ‖ 罗宾逊 ‖ 张夏准 ‖ 凯恩斯 ‖ 曼昆 ‖ 弗里德曼 ‖ 斯蒂格利茨

如果说经济学家能够在一件事上达成共识，那就是自由贸易是件好事，而保护主义是坏事。人们普遍认为，对进口商品征收关税会让境况变得更糟。然而，尽管存在这种经济共识，自由贸易仍受到很多负面评论，许多政界人士称，提高关税是保护国内产业、实现经济多元化和提高生活水平的一种方式。还有一些经济学家不受传统经济观点局限，辩称某些关税可能实际上是合理的。

在19世纪，**大卫·李嘉图**提出了比较优势理论：国家应该专注于相对最擅长的领域。李嘉图举了一个例子，英国如果生产葡萄酒效率相对较低，那么就应该从葡萄牙之类的生产葡萄酒效率相对较高的国家进口葡萄酒。对李嘉图来说，仅仅为了保护少数英国葡萄酒生产商而对进口葡萄酒征收关税是毫无意义的。

根据李嘉图的贸易理论，唯一从关税中受益的群体是缺乏国际竞争力的企业，包括其老板和工人。

支持关税的情形

德国经济学家**弗里德里希·李斯特**（Friedrich List，1789—1846）提出了支持关税的观点。他认为，关税对促进新产业的发展很重要。这一论点也被称为幼稚产业保护理论。李斯特认为，自由贸易有利于已经发展起来的经济和工业。然而，如果一个以农业为主的经济体想要多样化发展并进入制造业，这个国家就必然需要一段时间的关税保护，以便其工业能够成长并实现规模经济和提高效率。坚持普遍自由贸易将阻碍不发达经济体的发展。

20世纪的英国经济学家**琼·罗宾逊**也批判了李嘉图的比较优势理论。她认为，尽管李嘉图说自由贸易使英国受益是正确的，但于葡萄牙而言，潜在的好处并不那么明显。葡萄牙经济较不发达，自由贸易使葡萄牙陷入被迫生产低收入农产品的困境。

经济学理论

自由贸易和取消关税将为整个经济体带来经济福利净收益。

近年来，幼稚产业保护理论受到了越来越多的关注。全球化的批评者认为，自由贸易的不公平在一定程度上解释了发展中国家和发达国家之间的差距。韩国经济学家**张夏准**在2002年出版的《富国陷阱：发达国家为何踢开梯子？》（*Kicking Away the Ladder*）一书中提供了许多发达国家在发展新产业时运用保护主义政策的例子。一旦这些发达国家建立并占据主导地位，它们就会在促进自由贸易方面拥有既得利益，并坚持要求其他所有国家也取消关税。

李斯特、罗宾逊和张夏准指出，如果你生活在发达国家，你会因为自由贸易而拥有既得利益，而且可能会继续受益于较低的关税。然而，如果你生活在一个主要以农业为基础的不发达经济体中，情况就不一样了：关税可能会让你在新的、更具价值的行业中获得更高报酬的工作。

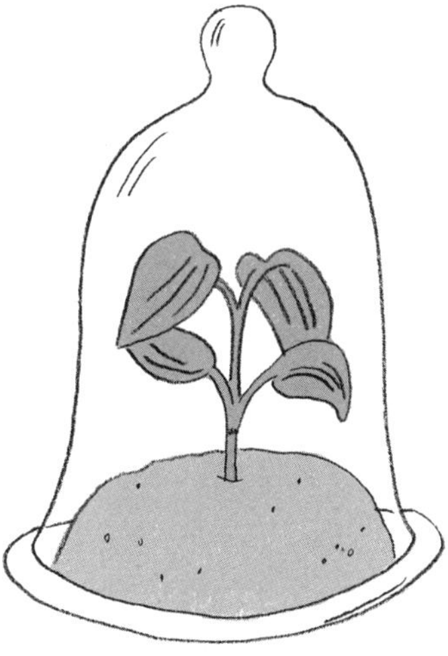

新产业需要保护才能发展壮大

比钱更重要

然而，一些学者认为这不仅仅是钱的问题。关税和保护主义造成了国家间的竞争，而自由贸易则是国际合作的信号。**约翰·梅纳德·凯恩斯**在第一次世界大战后写道，自由贸易有助于促进国际合作，减少国家间的竞争。

凯恩斯说，从本质上讲，在你的祖国巴西开采煤炭，并不会比从阿根廷边境进口煤炭更好。保护主义和限制商品自由流动的愿望造成了一种孤立的态度和较低的生活水平，而取消关税意味着对国际化前景的信心。

自由贸易：好处和坏处

还有很多其他自由市场经济学家，比如**格里高利·曼昆**和**米尔顿·弗里德曼**，也会同意这一观点，即如果你想提高生活水平，就投票支持自由贸易和取消关税。他们称，根据李嘉图的比较优势理论，即使其他国家不采取相应措施，本国单方面取消关税也是可以提高生活水平的。因此，自由贸易是有益的，即使它是单方面的。弗里德曼对政治上痴迷于增加出口的观点提出了批评。他认为，当我们最大限度地提高进口和减少出口时，我们的生活水平是最高的，而这可以通过降低进口关税来鼓励。

但如果弗里德曼是正确的，为什么那么多人对自由贸易心存

> 然而经济学告诉我们，国际贸易不像战争，是可以双赢的。
>
> ——格里高利·曼昆

疑虑，甚至感到恐惧？**约瑟夫·斯蒂格利茨**对自由贸易的坚定信仰持批评态度。他认为，自由贸易尽管有提高生活水平的潜力，但不能保证其一定会提高。例如，假设失业的工人（由于自由贸易的影响）可以轻松找到新工作的这种经典模型过于简单，因为事实往往并非如此。

经济学理论表明，从数学上讲，一个经济体将从自由贸易中获得净收益，即收益将高于成本。但是，斯蒂格利茨提出了疑问，国家是否能保证受自由贸易冲击而损失的个体得到补偿？他认为，近几十年来的不平等加剧现象表明情况并非如此。如果我们在某些行业工作，关税可能在短期内有助于保护我们的工作岗位。

自由贸易是经济信仰的基石，这是有充分理由的。通常来说，降低关税将提高生活水平，尤其是对消费者而言。然而，这并不意味着向自由贸易迈进的每一步都必然是有利的。在某些情况下，关税能够在创造更加多样化的经济和帮助经济发展方面发挥作用。

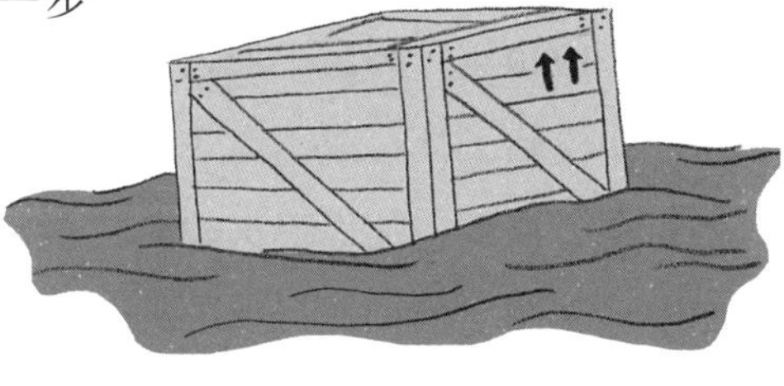

抉择时刻

如果你是一位身处发达经济体的消费者，你将从李嘉图主张的自由贸易中收获显著的益处。然而，如果你生活在一个发展中经济体，从事一份低收入的农业工作，你可能会看到一个强有力的征收关税的理由，即征收关税可以使新兴产业得到发展，使经济体有机会实现多元化。

是否应该欢迎所在街道和城市收取停车费?

斯密 ‖ 庇古 ‖ 舒普 ‖ 考恩 ‖ 托马

我们可以高兴地花3美元买一杯咖啡，却无法接受在喝咖啡的时候需要花3美元停车。作为一种自然权利，我们往往对免费停车表现出强烈的偏好。然而，关注机会成本的经济学家认为，正如没有免费的午餐，这世上也没有免费的停车位。因此，一些经济学家热衷于让停车收费变得更普遍、更昂贵。但我们能被这些效率和机会成本的论点说服吗?

当**亚当·斯密**在1776年发表《国富论》时，他关注的是市场机制以及企业和消费者对市场价格的回应。这种自由市场方法的问题在于，它忽略了那些会影响到未参与交易的其他人的成本和收益。1920年，**阿瑟·庇古**研究了这些经济行为的外部成本的存在，并找到了社会成本高于私人成本的决策实例。庇古举了一个公司在人口稠密的居民区建工厂的例子，这给附近的居民造成了环境污染和交通拥堵。这一外部性理论同样适用于现代交通拥挤问题。

免费停车位的成本

美国经济学家、城市规划师**唐纳德·舒普**（Donald Shoup，1938—　）花了多年时间调查免费停车的成本，认为它扭曲了城市的设计，造成了更多的污染和拥堵，更不用说在2002年，政府向汽车行业提供了价值1 270亿美元的低效补贴。

舒普认为，如果有大量的人想要免费停车，就会使需求大于

亚当·斯密

供应，这将给所有的城市居民带来多项额外成本；其中一个是需要花更多的时间开车以在城市内寻找一个免费的停车位。停车位的缺乏加剧了交通堵塞，浪费了我们的时间。此外，如果花更多的时间开车四处寻找停车位，我们会制造更多的污染，这将导致空气质量变差，并损害我们的健康。

由于人们总是希望免费停车（美国99%的汽车里程都以免费停车位结束），城市已经让出了大量空间作为停车位。考虑到市中心的房价和住房的短缺，这些稀少的停车位用地实际上非常昂贵。

舒普称，2012年，美国城市平均建设一个停车位的成本是2.4万美元。此外，如果我们把更多的空间用于停车场，就意味着能用于住房和商业的空间会减少，而租金也会上涨。当我们能够免费停车时，我们付出的代价是更高的生活成本、更高的商业租金和更高的物价。如果我们必须为停车支付合理的费用，我们就可以用更多的土地来建造房屋，从而避免无谓的净福利损失。

阿瑟·庇古认为，为了避免市场失灵，政府应该对商品征税或收费，这样我们才能支付全部的社会成本。针对停车，舒普预估的社会成本相当高，这意味着停车的**社会效率**价格（反映所有社会成本和社会效益的价格）远远高于我们习以为常的价格。但如果把停车费改为用于改善公共交通的费用，对于抗拒者而言可能会有更大的吸引力，因为他们能够看到，这一做法如何为市中心停车提供了另一种替

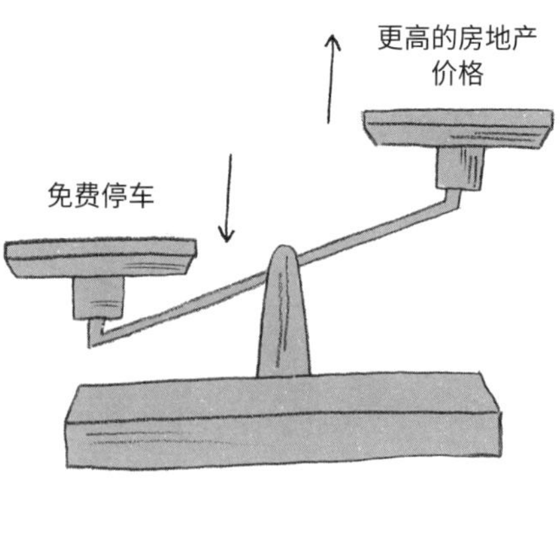

代选择。

停车费的负面效应

尽管收取停车费在经济上有充分的理由，但也有经济学家警告称，收取停车费可能会产生意想不到的后果。美国经济学家**泰勒·考恩**告诫道，如果开始对停车进行收费，就必须在所有地方同时实施，否则只会把问题从一个地方转移到另一个地方。例如，如果你在市中心征收停车费，购物者可能只会把车开得更远，开到城外的购物中心，在郊区制造更多的车流量和拥堵，同时使得市中心像鬼城一样。另一个意想不到的后果可能是，如果在市中心停车很贵，人们就会转向网上购物，很快这个城市就会挤满为人们网购送货的卡车。

我们反对收取停车费的另一个原因是公平问题。针对政府控制停车位的议题，美国经济学家**马克·托马**提出了定价是否公平的疑问。他认为，我们需要确保停车费不会将特定人群排除在某些地方之外。例如，如果博物馆或国家公园附近的停车位非常昂贵，可能会让低收入群体望而却步，从而导致某些地方变得更加精英化。然而，正如我们所看到的，唐纳德·舒普断言，免费停车会加剧土地的稀缺，引起租金上涨，从而伤害穷人。此外，最穷的人甚至可能没有汽车，他们反而会从改善公共交通的投入增加中受益。

经济学理论

停车位价格应该反映全部的社会成本，包括所有的外部成本，如交通拥堵、环境污染以及空间的浪费。

如果你仍对该经济学理论持怀疑

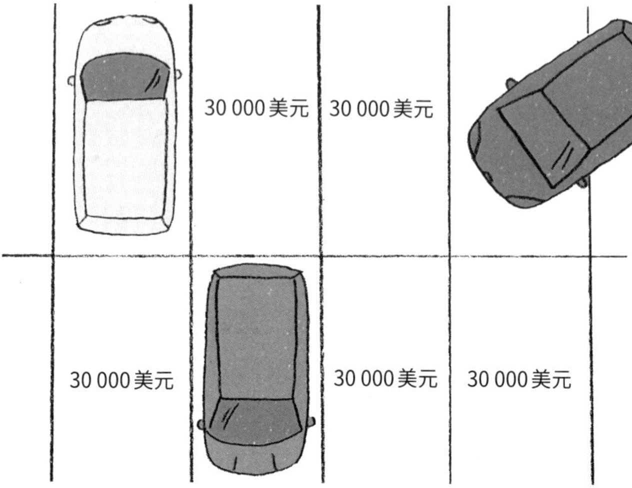

在一些市中心，一个停车位占用的土地价值接近30 000美元

态度，并且仍然想抵制停车收费，还有另一个问题可以考虑，即实用性问题。美国城市规划学者迈克尔·曼维尔承认实施新的停车收费策略在实践中可能比理论上困难得多，例如，逃避付费问题。曼维尔还注意到一种具有很强的政治争议的问题：可能会有人利用残疾人标牌来避免停车收费。即使是最经济的思想和理论也不一定必然会转化为实际的政策。

抉择时刻

如果我们不喜欢绕着街区找停车位，唐纳德·舒普建议我们要求政府对停车计时收费。然而，我们可能会像泰勒·考恩一样担心，从长远来看，城市范围内的停车收费可能会导致人们将商业转移到其他地方。

是否应该担心政府负债?

斯密 ‖ 凯恩斯 ‖ 莱因哈特 ‖ 罗格夫 ‖ 克鲁格曼 ‖ 雷

当我们听到创纪录的政府债务水平时，这些数字看上去显得势不可挡，很有可能会无法偿还，并成为子孙后代的负担。然而，经济学家往往对政府债务更为乐观。事实上恰恰是在传统经济学建议采取相反做法的时候，凯恩斯创立了一个全新的经济学分支，并证明政府借贷是合理的。

政府发债融资体系是有害的吗?

古典经济学家通常对政府借款持悲观看法。**亚当·斯密**认为，这种“有害的融资体系”削弱了企业家的投资能力，严重阻碍了“一个国家走向富裕和繁荣的自然进程”。他警告称，高水平的政府债务可能导致违约、货币贬值、通货膨胀和资本外逃。斯密对此提出了挤出效应（crowding out）的概念。这一概念来自对政府通过向私营部门（如个人、银行和养老基金）出售债券来借款这一行为的观察：如果私营部门购买政府债券，那么用于更有效率的私营部门支出和投资的资金就会减少。

尽管古典经济学家对政府债务持悲观看法，但在斯密和李嘉图时期，英国的公共部门债务远高于现代。1822年，英国的债务达到了GDP的185%，尽管看起来很高，但它并没有成为斯密和李嘉图所担心的对英国经济增长的制约。然而，直到1930年代，平衡预算仍是古典经济学的基石，这或许得益于“稳健财政”和“平衡家庭预算”等直观概念。那么，如果平衡预算是合理的，为什么**约翰·梅纳德·凯恩斯**看上去要把旧的正统观念全部扔掉呢?

约翰·梅纳德·凯恩斯

经济衰退中的“自然疗法”

1930年代的大萧条改变了一切：在这十年里，全球产出暴跌，失业率上升，经济严重衰退。合乎情理地，个人通过增加储蓄来应对这场经济灾难，但这只会导致需求进一步下降，凯恩斯称之为节俭悖论（参见第184页）。凯恩斯认为，鉴于需求的下降，政府应该进行干预，并利用好所有盈余、未使用的储蓄和闲置资源（比如失业人口），换句话说，政府应该借款！在经济衰退的背景下，政府支出不会排挤私营部门，而是会刺激经济。

当时，凯恩斯激进的政策建议受到了古典经济学家的挑战，他们反驳说，我们没有能力借钱，从长远来看，市场终会回归供求均衡。但凯恩斯对长期而言一切都会好起来的观点不屑一顾，他有一句名言：“从长期来看，我们都死了。”他看到了失业的危害，希望政府立即采取行动。对他来说，什么都不做，把大规模失业看作你无法控制的事情是不负责任的。在这种情况下，凯恩斯认为政府借贷不仅是可以容忍的行为，而且是值得欢迎的行为，因为政府借贷和**赤字开支**（通过借贷而不是通过税收增加政府支出）可以减轻经济衰退的危害和资源的浪费。

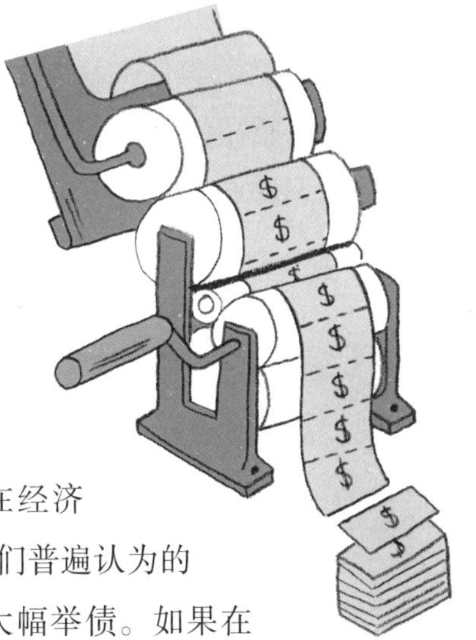

重要的是，凯恩斯只是提倡在经济衰退时期政府应该增加借贷，与人们普遍认为的相反，他并不赞成在任何时期都大幅举债。如果在

> **经济学理论**
> 凯恩斯主义认为，在经济衰退时期，借贷是可取的。然而，在正常增长时期，债务有经济成本。

经济衰退时期借款是件好事，那么在经济繁荣时期，政府应该平衡其预算，甚至通过盈余来减少净债务。换句话说，在经济衰退时期，借款是可行的（甚至是值得赞赏的政策），但在正常经济增长时期，情况就完全不同了。

对预算赤字的担忧

2010年，经济学家**卡门·莱因哈特**和**肯尼斯·罗格夫**发表了一篇题为《债务时代的增长》（*Growth In a Time of Debt*）的学术论文，认为政府借款超过GDP的90%与较低的经济增长率有关。这些发现虽然仍有争议，但似乎表明我们应该担心不断上升的政府债务。热衷于推行紧缩政策的政客和银行家们接受了这些发现。时任欧洲中央银行行长的让-克劳德·特里谢就曾敦促欧洲国家削减赤字。他认为，削减开支和减少赤字可以重振信心，帮助经济复苏。

尽管紧缩政策具有一定的政治吸引力，但2008年后，人们对凯恩斯主义的兴趣也重新抬头。**保罗·克鲁格曼**是凯恩斯主义赤

> 那么，政府借款有什么作用呢？它给了那些过剩的储蓄一个去处，并在这个过程中扩大了总体需求，进而增加了GDP。它不会排挤私人支出。
>
> ——保罗·克鲁格曼

字开支理论的主要倡导者。他声称，对预算赤字的担忧在很大程度上是政治性的，属于糟糕的经济学，他认为欧洲的紧缩正在损害欧洲经济，并证明紧缩可能会适得其反，导致国内生产总值萎缩。克鲁格曼说，在这个低利率的时代，政府可以而且应该借更多的钱。

经济学家**L. 兰德尔·雷**（L. Randall Wray，1953— ）是现代货币理论的支持者，该理论认为政府债务问题被严重夸大了，但发行非主权债务的国家除外，即不是以本国货币借款的国家。正如雷所解释的，这对希腊、葡萄牙和爱尔兰等欧元区国家来说是个问题。没有自己的货币和央行，它们很容易受到资本外逃（金融资产和资本大量流出该国）的影响，导致债券利息上升。然而，拥有本国货币的国家（如英国或美国）有能力提供流动性，并在必要时购买债券。

抉择时刻

在正常情况下，你可能会同意高债务水平会导致斯密和李嘉图预测的问题。然而，在经济衰退时期，你可能更倾向于凯恩斯主义的解决方案，即通过预算赤字来刺激需求，降低失业率。

我们应该担心不断加剧的不平等吗？

弗里德曼 ‖ 米塞斯 ‖ 皮凯蒂 ‖ 斯蒂格利茨 ‖ 索维尔 ‖ 克鲁格曼 ‖ 鲍莫尔 ‖ 庇古 ‖ 森

过去几十年的一个显著特征是，大多数西方经济体（尤其是美国）的不平等程度大幅上升。除了一些例外，富有人群的收入大幅增长，而实际收入处于中间阶层的人群则相对停滞不前。如果我们比社会上的其他人过得更好，这有什么问题吗？我们是应该追求财富的公平分配，还是应该庆祝从我们与生俱来的不同能力中获益的自由？

不平等的好处

从亚当·斯密到**米尔顿·弗里德曼**，古典经济学家一直非常重视激励机制在鼓励创新和商业活动方面的作用。为此，弗里德曼提出了三个重要观点。首先，他认为不平等是经济的一个必要特征；如果没有激励措施和增加收入的机会，经济就会停滞不前，整体净福利水平就会下降。其次，经济不平等是一个允许政治自由的社会不可避免的特征，一个以平等为目标的社会将不可避免地对个人自由造成限制。最后，弗里德曼认为，不平等实际上并没有看起来那么普遍。例如，如果我们考察的是实际消费水平而不是收入水平，就会发现更大的平等：美国许多最贫穷的工人都拥有相对较高的消费水平，而富人则在储蓄。

路德维希·冯·米塞斯也提出了类似的观点，支持不平等的可取性：不平等曾一度意味着低收入者负担不起出国旅行的费用，但由于经济增长，每个人的绝对生活水平都有所提高。现在，即使是最贫穷的人也能负担得起出国旅行，以及购买电视机等一系列家用电器的费用。换句话说，重要的不是相对不平等，而是绝对收入水平：只要净福利增加，每个人都会变得更好。

不平等的代价

法国经济学家**托马斯·皮凯蒂**（Thomas Piketty，1971— ）是《21世纪资本论》（*Capital in the Twenty-First Century*，2013）的作者，他研究了过去二百五十年里的收入和财富不平等现象。他认为，如果没有适当的政府干预，收入和财富不平等将持续加剧。其论点是，在自由市场中，资本回报率（r）大于经济增长率（g）。例如，资产所有者可以获得5%的利息，而这高于2%的经济增长率。因此，业主和股东能够将红利和利息投资于更进一步的财富积累，而那些低收入、需要支付高额租金的人根本无法积累任何财富。对皮凯蒂来说，财富不平等是个严重的问题，因为它将像滚雪球一样越滚越大。

约瑟夫·斯蒂格利茨认为，美国最富有的1%的人群的收入增长，在很大程度上来自金融业的利润和“不当奖金”。他指出，这个行业不再专注于把资本配置到生产性用途上，而是在寻找浪费性和剥削性的租赁机会，这正是我们应该关注的不平等。

斯蒂格利茨声称，由竞争性市场压力造成的不平等是可以接受的。然而，大企业和既得利益集团往往会利用他们已经拥有的影响力获得优先政治待遇。他列举了铁路垄断企业被授予公共土地、公共服务私有化以及以高于市场的价格合法地将药品出售给

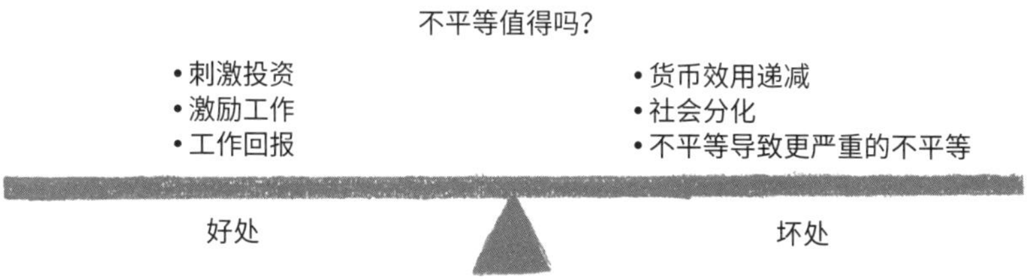

政府的例子。换句话说，我们应该关注不平等，因为经济不平等与政治不平等以及既得利益集团巩固其社会优势息息相关。

减少不平等的政策

美国经济学家**托马斯·索维尔**（Thomas Sowell，1930—　）认为，能够成功游说国会的不只是实力强大的公司。他声称，公众对福利项目有着强烈的支持，他们希望有更多的福利转向低收入人群。这些福利方案尽管设计初衷可能是好的（为了减少不平等），但实际上会抑制工作的积极性，因为个人收入的增加将导致个人收到的政府福利金减少。索维尔指出，该例子表明，旨在降低不平等的“错位”政策，实际上会因为抑制工作积极性和鼓励对福利金的依赖，而损害穷人的前景。

然而，**保罗·克鲁格曼**反对上述观点：“贫困线陷阱是一个被谬误包裹的谎言。”他声称，美国的“医疗补助计划”和“食品券”等福利制度几乎没有对工作积极性产生抑制作用，并指出，瑞典等累进税率和平等程度都很高的国家，创新和创业率也很高。克鲁格曼认为，拥有强大的社会安全体系和全民医疗保险体系会鼓励人们的冒险行为，并增加两代人之间的社会流动性，正如高度不平等会降低社会流动性一样。

经济学理论

不平等是自由市场的一部分，它能够激励个人提高生产率，进而增加社会总体经济福利。

美国经济学家**威廉·鲍莫尔**也认为，不平等会损害经济增长，因为高度的贫困会降低劳动生产率。

> 认为严重的不平等能够刺激经济增长的观点是非常值得怀疑的。
>
> ——威廉·鲍莫尔

英国经济学家**阿瑟·庇古**从经济福利的角度关注了不平等问题。首先，他注意到财富和收入的收益递减（参见第66页）。一个富人就算得到了更多的财富实际上也很难再增加消费，因为他们已经有足够的收入来购买其需要的东西。将收入重新分配给低收入群体将增加经济福利，因为低收入人群的边际效用更高。其次，不平等产生了一种不满感，因为人们会觉得自己正落后于邻居。

印度经济学家**阿马蒂亚·森**（Amartya Sen，1933—　）认为，虽然西方的不平等可能只会引发一些小问题，但在发展中国家，不平等有可能导致大饥荒。在他调查的四次毁灭性大饥荒中，阿马蒂亚·森发现，大饥荒的问题不在于缺乏粮食，而在于穷人买不起粮食，而且粮食没有得到充分的分配，这为减少全球最贫困人群的不平等提供了强有力的论据。

抉择时刻

如果你是一位希望创办新企业的企业家，你可能会受到米尔顿·弗里德曼想法的激励，他认为，不平等的激励对于鼓励增长和提高每个人的生活水平都是必要的。然而，你也可能会同意斯蒂格利茨和皮凯蒂的观点，即由家族继承和不公正政治权力驱动的不平等正在损害社会凝聚力和公平感，并且正在妨碍基于公平机会的精英统治体系。

医疗应该是私人事务还是公共事务?

克鲁格曼 ‖ 卡尼曼 ‖ 罗斯柴尔德 ‖ 斯蒂格利茨 ‖ 弗里德曼 ‖ 坦纳 ‖ 哈耶克

市场的逻辑表明，私营企业能够比公共部门更有效地提供商品和服务。此外，市场使消费者能够在不同的选项之间进行选择，这就为企业提供更高质量的医疗服务提供了激励。然而，这些观点在多大程度上适用于医疗保健?医生真的需要利润刺激才能提供更高质量的医疗服务吗?病人在多大程度上有能力选择最好的医疗服务?

保罗·克鲁格曼认为，医疗保健的最佳选择是由政府提供全民医疗保障。如果我们把它交给市场，私营企业将不会提供医疗保健，除非病人支付费用。物质产品的不平等还有待商榷，但获得医疗服务的不平等会动摇我们的公平感。此外，良好的医疗保健是保障人力资本的一个重要方面：保证全民享有医疗保健可以提高全民健康和经济效率。

此外，私人医疗可能会劝阻人们及时寻求治疗和进行预防性检查，这可能有违其初衷。克鲁格曼和罗宾·威尔斯引用了兰德公司的一份报告，该报告发现，当人们削减医疗支出时，他们不仅减少了有问题的医疗实践，还减少了有用的医疗实践。私人医疗可能会鼓励我们延缓支出，直到错过最佳治疗时机。正如行为

> 如果任由市场自行发展的话，市场经济不会照顾病人，除非他们能负担得起费用。
>
> ——保罗·克鲁格曼

经济学家**丹尼尔·卡尼曼**所指出的，我们不能指望消费者对长期医疗计划保持理性：我们可能缺乏信息，过于看重当下，并且目光短浅。

克鲁格曼认为，美国的医疗体系依赖于私人医疗保险，但其覆盖面并不完善，至少数百万美国人没有医疗保险。这导致了一个双重体系，没有参与医疗保险的医疗账单很容易成为破产的主要原因。根据一项研究，美国有五分之三的破产与意外医疗费用有关。不仅是在美国，在世界各地，有1.5亿人因为他们的医疗费用，面临着财务困境。其中三分之一都在印度，那里的私营企业占医疗保险市场的80%。

逆向选择

私人健康保险的另一个问题是，它可能导致涉及逆向选择（参见第70页）的问题。美国经济学家**迈克尔·罗斯柴尔德**（Michael Rothschild，1942—　）和**约瑟夫·斯蒂格利茨**对保险市场进行了调查，发现由于存在不同类型的保险风险，所以该市场并不能良好运作。在健康保险方面，年轻健康的个体倾向于不买保险。老年人或有既往病史的个体有更大的动力去购买最大限度的保险。但是，如果健康的人都不买保险，保险公司就不得不为其参保个体中的绝大多数人所面对的高风险买单，这会导致保险

弗里德曼私人医疗筹资理念

公司提高健康保险费，让除了最富有的人以外的其他所有人对健康保险望而却步。这意味着那些最需要医疗保健的人最终会负担不起高昂的保险费。为了克服自由市场中的逆向选择，政府必须授权鼓励强制保险，同时禁止医疗保险公司拒绝为已有疾病的人提供保险。

自由市场的好处

米尔顿 · 弗里德曼认为，美国医疗体系的问题在于政府干预过多。他指出，政府补贴和私人保险共存的混合体系会导致两败俱伤。因为医疗费用由第三方支付（政府或私人保险公司），所以大多数人并没有努力控制成本。保险业存在一种反常的动机，就是在医疗保健上花尽可能多的钱，因为其他人在买单。弗里德曼解释说，这就是为什么美国在医疗保健上的支出（占GDP的17%）比世界上任何地方都多。相比之下，加拿大（全民医保）的医疗支出仅占GDP的11%。

弗里德曼认为，理想的解决方案是让人们使用私人医疗储蓄账户，并为此支付大部分治疗费用。他声称，如果个人直接支付医疗保健费用，他们将更小心地选择更低成本的治疗，甚至可能更小心地照顾自己的健康。正如弗里德曼所指出的，我们在花自己的钱时总是最谨慎的。他认为，只有在发生重大医疗灾难时才应该依赖保险。

美国智库卡托研究所医疗改革研究主管**迈克尔 · D. 坦纳**（Michael D. Tanner，1956—　）也提出了类似观点。他声称，最便宜的医疗保健将来自日益激烈的竞争，并且需要打破企业联盟的价格垄断。允许个人拥有可转移保单，并能够从不同州的公司购买保险，将迫使保险公司降低价格，为寻求保险的个人创造更好的交易条件。

在发展中国家，80%的医疗保健由私营机构提供，因为政府的医疗保健项目通常资金不足。世界银行的经济学家山塔·德瓦拉扬引用了一项研究，该研究表明私人医生在诊断方面做得更好，与病人相处的时间更长，提供的服务也比公共部门更亲切。他认为，这削弱了政府应该提供医疗保健的主张，并指出，利润的激励可以带来更高质量的治疗。

经济学理论

自由市场通常是分配稀缺资源最有效的方式。然而，这些自由市场原则可能不适用于医疗保健之类的公共服务。

“为了”全民医疗

其他学者则认为，医疗保健的性质使其不适合自由市场通常的利润驱动机制。对全民医疗的支持可能来自一个意想不到的来源；**弗里德里希·哈耶克**在《通往奴役之路》（*The Road to Serfdom*，1944）一书中提出了一个充满激情的观点：尽管我们应当限制政府在经济中的作用，但政府仍应提供基本的医疗服务。

> 毫无疑问，每个人都应该能得到足够维持健康和工作能力的最低限度的食物、住所和衣物。
>
> ——弗里德里希·哈耶克

虽然哈耶克没有详细说明政府提供医疗服务的具体内容，但他明确指出，在全民医疗中，不太可能存在任何道德风险。他认为，政府为疾病和事故提供医疗援助，这并不会使人们改变他们的行为。例如，作为一个自由主义者，哈耶克声称慷慨的失业救济可能鼓励人们不工作。但是，在医疗保健方面，就算政府提供医疗保险也不会激励人们生病。在强烈反对政府干预企业的同时，他总结道："国家有非常充分的理由帮助建立一个全面的社会保险体系。"

甚至米尔顿·弗里德曼也承认，那些拥有单一付款方、社会化医疗保健的国家，如加拿大或英国，能够避免过高的成本。在单一付款系统中，政府作为一个垄断买家，能够为药品制定更低的价格。医疗保健也可以实行配给制，以避免过度使用效益有限的非常昂贵的治疗方法。曾协调美国前总统克林顿医疗改革的卫生政策教授肯尼思·E. 索普提出，全民医疗计划将在十年内节省1.1万亿美元，同时为所有美国人提供全面的福利。

保罗·克鲁格曼认为，竞争性医疗市场的自由市场理想只是一厢情愿。当人们生病时，他们没有时间、知识或意识去选择

私人医疗	公共医疗
利润激励降低成本	医务人员需要利润激励吗?
有能力付钱的人可以得到所有的治疗	政府可以限制效益有限的昂贵治疗
可以自由选择	你凭什么选择最好的医生?
税率低，但保险费高	政府可以保证治疗公平

“最合适的”医生。如果有人生病了，你最不需要做的就是挑选最划算的医院。换句话说，医疗保健市场与买车或买衣服的市场非常不同。

抉择时刻

米尔顿·弗里德曼认为，竞争性的自由市场是提供服务，甚至医疗服务的最有效方式。然而，保罗·克鲁格曼指出，依赖私营医疗保健体系可能导致低收入人群得不到足够的治疗；此外，医疗保健供应不足可能对更广泛的经济产生负面影响。